ullstein

Das Buch

Mit seiner Undercover-Reportage »Abgezockt und totgepflegt« traf Markus Breitscheidel einen Nerv. In unzähligen Briefen, Gesprächen und Podiumsdiskussionen brachen lang aufgestaute Emotionen hervor: Pflegekräfte, Heimbewohner und deren Angehörige berichteten aus ihrem Alltag.
Heimbetreiber, Politiker und Sozialverbände beschrieben ihre Sicht der Dinge. Und am Ende fragten sich die meisten: Wie kann ich dafür sorgen, dass meine Angehörigen liebevoll behandelt werden? Wie finde ich für sie ein gutes Heim und welche Unterstützung kann ich erwarten, wenn ich sie zu Hause pflege? Und wie wird es mir selbst im Alter ergehen? Wie selbstbestimmt wird mein Abschied aus diesem Leben sein? Wie setze ich eine Patientenverfügung richtig auf?
In diesem Buch werden die häufigsten Fragen beantwortet und zukunftsweisende Wege für ein Altern in Würde vorgestellt. Dazu gehören verstärkte psychosoziale Betreuung, Generationenhäuser und Alten-WGs, die sich gegenwärtig als echte Alternative zum Heimbetrieb entwickeln.
Praktische Tipps, Adressen- und Checklisten, Experteninterviews, rechtliche Hinweise und konkrete Empfehlungen für den Umgang mit Behörden helfen zudem, sich in dieser besonders sensiblen Lebensphase besser und angstfreier zurechtzufinden.

Der Autor

Markus Breitscheidel studierte Wirtschaftswissenschaften und war mehrere Jahre Leiter der Marketingabteilung in einer Werkzeugfirma. Eine Begegnung mit Günter Wallraff veränderte sein Leben. Über ein Jahr arbeitete er undercover als Pflegehilfskraft in fünf verschiedenen Pflege- und Altenheimen in Deutschland.

Von Markus Breitscheidel ist bereits erschienen:

Abgezockt und totgepflegt

Markus Breitscheidel

Gesund gepflegt statt abgezockt

Wege zur würdigen Altenbetreuung

Ullstein

Besuchen Sie uns im Internet:
www.ullstein-taschenbuch.de

Umwelthinweis:
Dieses Buch wurde auf chlor- und säurefreiem Papier gedruckt.

Ungekürzte Ausgabe im Ullstein Taschenbuch
1. Auflage März 2008

Umschlaggestaltung: HildenDesign, München
(unter Verwendung einer Vorlage von Etwas Neues entsteht, Berlin)
Titelabbildung: Getty Images, München
Satz: LVD GmbH, Berlin
Gesetzt aus der Sabon und Officina
Druck und Bindearbeiten: CPI – Ebner & Spiegel, Ulm
Printed in Germany
ISBN 978-3-548-36987-7

Inhalt

Anhang

Vorwort

Zwischen Robin Hood und Nestbeschmutzer

Im September 2005 erschien mein Buch »Abgezockt und totgepflegt«. Die Folge war eine ebenso überraschende wie unglaubliche Welle an Reaktionen. Kritiker warfen mir Sensationslust vor und viele sprachen von einem Skandalbuch. Diese Beschreibung ist sicher zutreffend, denn wer den Inhalt kennt, kann es tatsächlich nur als Skandal empfinden, wie mit alten und pflegebedürftigen Menschen in diesem Land umgegangen wird. Dass es bisher keine einzige einstweilige Verfügung gegen das Buch gibt, spricht in erschreckender Weise für sich.

Zudem erhielt ich bisher mehr als 1000 Briefe von Pflegekräften, und fast alle bestätigten mir die Verhältnisse, die ich selbst als Hilfskraft in Altenpflegeheimen in Deutschland erlebt habe. Auf zahlreichen Lesungen und Diskussionen stellte ich fest, dass die Menschen, die in der Altenpflege tätig sind, sich in zwei Lager teilen: Die einen arbeiten in sehr gut geführten Heimen und haben Freude daran. Leider nehmen sie jedoch kaum die Situation ihrer anderen Kollegen wahr, die unter sehr schlechten Rahmenbedingungen ihren Dienst absolvieren müssen und dementsprechend frustriert sind. Derart zwiegespalten reagieren sie in den Veranstaltungen: Die einen sehen in mir einen Robin Hood, für die anderen bin ich bloß ein Nestbeschmutzer.

Ich selbst sehe mich weder als Helden noch als Stimmungsmacher. Mein Anliegen war es, mit dem Buch die Öffentlichkeit auf die strukturellen Probleme bei der Versorgung von pflegebedürftigen Menschen in unserem Land hinzuweisen. Und dass es hier erhebliche Sorgen und Probleme gibt, steht wohl außer Frage.

Erreicht habe ich, dass die Mauer des Schweigens seitens der Heime, Pflegekassen, Heimaufsicht und Politik langsam bröckelt. Sprach man im September 2005 noch von »einigen wenigen schwarzen Schafen«, so streitet man sich heute darum, ob nun 200 000 oder 300 000 Pflegebedürftige unterversorgt sind. Ich empfinde diese Diskussion in Anbetracht der einzelnen Schicksale als äußerst makaber.

Statt sich bürokratisch über die genaueste Zahl zu streiten und damit vom Kern des Problems abzulenken, ist es an der Zeit, sich um die Ursachen zu kümmern und Möglichkeiten zu entwickeln, dem zu begegnen. Aus diesem Anlass bin ich quer durch die Republik gereist, um mit Heimleitern, Pflegewissenschaftlern, Pflegepersonal und auch mit Politikern über deren Ansichten und Sorgen zu sprechen. Schnell wurde mir klar, dass dies allein nicht reicht und es ebenso wichtig ist, auch Vorschläge einzubringen sowie über alternative Projekte und deren Umsetzung zu berichten.

Deshalb soll dieses Buch sowohl ein Licht auf die Reaktionen zu »Abgezockt und totgepflegt« werfen, als auch Beispiele dafür zeigen, wie menschenwürdiges Altern gelingen kann.

Wir alle – jeder Einzelne, Politik, Justiz, Aufsichtsbehörden, Kosten- und Heimträger – müssen über die Pflege und Betreuung alter Menschen (neu) nachdenken und entsprechend handeln!

Endstation Japan?

Wer sich mit der gegenwärtigen und zukünftigen Versorgung von pflegebedürftigen Menschen beschäftigt, kommt an der demografischen Entwicklung in unserer Gesellschaft nicht vorbei. Im Hinblick auf mein eigenes Leben stelle ich mir bereits als 37-Jähriger die Frage: Wie werden wir als Gesellschaft die Versorgung Pflegebedürftiger heute und in Zukunft sicherstellen können?

Bei der Suche nach einer Antwort stieß ich auf Japan. Dieses Land ist Deutschland im Hinblick auf seine demografische Entwicklung mehr als 20 Jahre voraus. Wenn wir also nach Japan schauen, sehen wir in unsere eigene Zukunft:

Es ist das Land mit der höchsten Lebenserwartung auf der Welt – und mit der höchsten Vergreisungsrate. Bereits jeder vierte Japaner ist heute über 65, die Geburtenrate sinkt rapide. Nach Prognosen des Sozialministeriums in Tokio werden im Jahr 2025 zwei Werktätige auf einen Rentner kommen. Angesichts dieser rasant alternden Gesellschaft unterstützt die japanische Regierung besonders Forscher, die sich mit solchen Zukunftsperspektiven beschäftigen und bereits »Lösungen« entwickelt haben …

Retortenrobben und High-Tech-Heime

Paro sitzt auf dem Schoß von Kumiko Kasahara, wendet seinen Kopf mit den drolligen schwarzen Knopfaugen zu der 82-Jährigen und fiepst leise. Sofort krault die ältere Dame das kleine weiße Robbenbaby hinter den Ohren. Paro schmiegt sich noch enger an Frau Kasahara und dankt die Streicheleien mit einem zweiten zarten Fiepsen. Doch Paro kommt nicht aus dem Meer – Paro kommt aus dem Labor. Er ist ein so genannter Therapieroboter und soll alten Menschen in japanischen Pflegeheimen die fehlende Zuwendung verschaffen und so das Pflegepersonal entlasten. Zwölf Jahre Entwicklung und zehn Millionen Euro stecken in diesem »Tier«, das auf Sprache und Berührungen reagiert. Für die alten Menschen in einem Tokioter Pflegeheim ist Paro scheinbar mehr als eine Maschine. Altenpflegerin Yoko Mizukami erzählt: »Vor kurzem habe ich ein bisschen an Paros Nase gekratzt, weil sie schmutzig war. Eine Patientin nahm mir den Seehund sofort entrüstet aus der Hand und sagte: ›Sie bringen ihn ja um‹.«

Selbst Japans Premierminister Junichiro Koizumi kuschelte schon vor laufenden Kameras mit der Retortenrobbe und Paro-Erfinder Takami Shibata schwärmt: »Maschinen sind hygienischer, verbreiten und verursachen keine Allergien und man muss sie mit nichts anderem versorgen als mit elektrischem Strom.«

Gut möglich, dass die Altenpflege in Japan in wenigen Jahren komplett von Maschinen übernommen wird. Das japanische Forschungsinstitut Riken hat einen neuen humanoiden Roboter entwickelt, der in zwei bis fünf Jahren einsatzbereit sein soll. Der 100 Kilogramm schwere künstliche Altenpfleger namens RI-MAN soll dann in der Lage sein, einen bis zu 70 Kilogramm schweren Menschen zu tragen. Er soll sehen und hören können und zwischen acht verschiedenen Gerüchen unterscheiden. Eine Vielzahl von Sensoren unter einer dünnen Silikonhaut soll dafür sorgen, dass der Roboter menschlichen Bewegungen mit den Augen folgen und sogar die Richtung bestimmen kann, aus der eine Stimme kommt. Sein Erfinder Dr. Yoshiyuki Sankai ist überzeugt: »Wir sind an einem Punkt angelangt, wo wir den Gang der Evolution selbst verändern können.«

Ortswechsel. Etwa zweieinhalb Flugstunden südlich von Tokio liegt die Millionenstadt Osaka. Dort befindet sich Sincere Kourien, das als japanisches Vorzeige-Altenheim gilt, wenn es um die High-Tech-Pflege der Zukunft geht.

Der Eingang gleicht einem Designer-Hotel: viel Glas, Stein und kubische Formen. Gegründet wurde das 103-Zimmer-Haus vom Elektronik-Konzern Matsushita, bekannt durch Marken wie Panasonic oder JVC. Jeder Raum ist mit einem Computer-Netzwerk samt Internetzugang ausgestattet. Spezielle Fußböden sorgen dafür, dass bei einem Sturz der Aufprall gemildert wird. Die Betten für Demenzkranke sind mit Gewichtssensoren versehen. So werden im Fall eines unerwarteten Verlassens des Bettes automatisch die Türen verriegelt, um ein Weglaufen zu verhindern.

Das gesamte Haus ist videoüberwacht mit Ausnahme der Zimmer, dort herrscht »nur« eine akustische Überwachung. Steht ein Bewohner aus dem Bett auf, wird über einen Gewichtssensor ein Signal an die Schaltzentrale geleitet, legt er sich schlafen, erfolgt ein weiteres Signal. Auf jedem Zimmer gibt es ein Bildtelefon, über welches die Bewohner mit dem Hausarzt reden können. Das Gerät ist gleichzeitig in der Lage, verschiedene Fragen zu beantworten, Blutzucker und Ähnliches zu erfassen und an den Arzt weiterzuleiten.

Jeder Bewohner hat dafür eine Karte, die durch das Telefon gezogen werden muss. Auf ihr befinden sich alle Daten mit Vitalwerten, Auszügen aus der Dokumentation über sein Leben im Heim, der Medikation, der sozialen Betreuung sowie aktuelle Fotos.

Diese Daten werden einmal im Monat aktualisiert und sind fester Bestandteil des Systems. Mit der Pflegekarte können sie per E-Mail auch an die Angehörigen übermittelt werden.

Ein Föhn für den Po und ein Teddybär mit der Stimme des Enkels

Besonders stolz ist man im Sincere Kourien auf die Technik rund um die großen und kleinen Geschäfte. So sind die Windeln der Bewohner mit Sensoren ausgestattet, die auf Feuchtigkeit reagieren. Diese Daten werden aufgezeichnet, aus dem Rhythmus kann dann ein Inkontinenztraining zusammengestellt werden. Auf den Toiletten geht das Licht an und der Deckel öffnet sich automatisch. Der Sitz ist permanent erwärmt, es gibt ein integriertes Bidet, eine Dusche und einen Föhn, der den Po wieder trocknet.

Bei so viel Technik darf natürlich auch der soziale Faktor nicht zu kurz kommen. Und für den sorgt hier – Herr Teddybär. Er ist ein 400 Euro teurer Roboter, den jeder Bewohner mit auf sein Zimmer nehmen kann. Herr Teddybär hat die Stimme des Enkelkindes des jeweiligen Bewohners. »So habe ich wenigstens das Gefühl, dass meine Familie immer in meiner Nähe ist«, sagt Bewohnerin Kamato Sato (83). Herr Teddybär ist übrigens auch außerhalb des High-Tech-Heims sehr beliebt. Mit einem Pilotprojekt in einem Stadtteil von Osaka wurden die Robo-Bärchen bei alleinstehenden alten Menschen getestet. Jedes ist mit einer Notrufzentrale vernetzt. Kommuniziert ein Bewohner ungewöhnlich lange nicht mit dem Plüschtier, erfolgt ein Notruf an die Zentrale.

So viel modernste Technik hat ihren Preis. 138 000 Euro kostet die einmalige Aufnahmegebühr für Sincere Kourien, 2000 Euro zahlt jeder Bewohner zusätzlich pro Monat.

Die Ohnmacht der Pflegekräfte und wie sie sich dagegen wehren können

»Wenn ich heute den Mund aufmache, bin ich morgen meinen Job los«

Bei den vielen Diskussionsrunden, zu denen man mich in ganz Deutschland einlud, kristallisierte sich auffallend häufig eine Frage heraus: Was tut das Pflegepersonal, wenn es Missstände feststellt?

Einige wenige Pflegekräfte hatten den Mut, den Mund aufzumachen. Zu ihnen gehört Brigitte Heinisch. Sie sprach mich nach einer Lesung in Berlin an und wir verabredeten ein weiteres Treffen, bei dem sie mir ihre Geschichte erzählte.

»Es ist absurd, die Pflege lediglich unter marktwirtschaftlichen Bedingungen zu sehen. Nicht der Mensch wird im Mittelpunkt stehen, sondern nur der Profit. Ich werde in diesem System mein Geld verdienen müssen, aber mein Gewissen werde ich nicht verkaufen.«

(Altenpflegerin Brigitte Heinisch, 1997 in einem ihrer Praktikumsberichte)

Brigitte Heinisch ist diesem Grundsatz treu geblieben. Die engagierte Pflegekraft arbeitete einige Jahre in einem Heim des größten deutschen Klinikbetreibers Vivantes in der Berliner Teichstraße. Laut Eigenwerbung auf der Website »ein freundliches und wohnliches Haus«.

Die Altenpflegerin hat da allerdings ganz andere Erfahrungen gemacht. »Einige Bewohner wurden ohne richterliche Genehmigung in ihren Betten fixiert, manche lagen bis mittags in ihrem Urin und Kot.« Und: Teilweise bekamen die Bewohner nicht einmal genug zu essen und zu trinken. Für einen Bereich mit 44 Bewohnern waren damals zeitweise im Frühdienst nur drei, im Spätdienst nur zwei Pflegekräfte eingeteilt. Davon war meist nur eine überhaupt eine Fachkraft. »Da musste alles schnell gehen. Da bleibt keine Zeit zum Trösten oder gar mal einem Sterbenden die Hand zu halten«, sagt Frau Heinisch.

Staatsanwaltschaft stellt Ermittlungen ein

Als sie die gefährliche Pflege nicht mehr verantworten kann, schreibt sie eine Überlastungsanzeige. Achtmal schlägt sie insgesamt Alarm, wendet sich dann an den Medizinischen Dienst der Krankenkassen (MDK). Der erscheint auch unangemeldet – und bestätigt in seinem Prüfbericht die gravierenden Pflegemängel. Trotz des Warnschusses ändert sich jedoch im Heim nichts Wesentliches. Brigitte Heinisch wird nun selbst aktiv. Sie zeigt das Heim wegen Betrugs und Nötigung bei der Staatsanwaltschaft an. Die hört nicht einmal die Prüfer des MDK an und stellt die Ermittlungen ein.

Die Pflegerin bekommt die fristlose Kündigung, einige Kolleginnen distanzieren sich – aus Angst vor dem gleichen Schicksal. Sie klagt gegen die Kündigung, doch das Landgericht beziehungsweise Landesarbeitsgericht gab Vivantes in erster und zweiter Instanz Recht. Die Begründung der Richter: Mit ihrer Strafanzeige habe die Altenpflegerin die Loyalitätspflicht gegenüber ihrem Arbeitgeber verletzt. Brigitte Heinisch kann es kaum fassen: »Die wirtschaftlichen Interessen des Heimträgers stehen also über der menschlichen Pflege – das ist erschütternd.«

Auszüge aus dem Prüfbericht des MDK

Art der Einrichtung und Versorgungssituation (Siehe auch Anlage – A – des Prüfberichts)

WB	Dekubitus	transurethrale Blasenkatheter	PEG-Sonde	Fixierungen/ Bettgitter	Kontrakturen	Vollst. immobil	Diab. Mell.
1	0	10	4	20	6	12	6
2	1	7	3	0	3	5	3
3/4	2	5	1	3	11	21	10
5/6	0	8	2	11	0	0	8

Angaben zur pflegerischen Situation der Bewohner lt.der durch die Pflegeeinrichtung ausgehändigten Übersicht:
Anmerkung zu o. g. Blasenkatheter:
Lt. Angabe erfolgt bei diesen Bewohnern die Harnableitung teilweise seit Jahren über einen transurethralen Blasenkatheter. Legen und Wechseln erfolgt durch eine Urologin, die Hausbesuche durchführt.

Im Rahmen der Überprüfung der Ergebnisqualität bei betroffenen Bewohner war den Pflegefachkräften keine Begründung für den Blasenkatheter bekannt, eine ärztliche Indikation lag nicht vor. Bei Nachfrage wurde angegeben, dass dies höchstwahrscheinlich auch die anderen Bewohner mit einem transurethralen Blasenkatheter betrifft.

Bei der Begehung am 1. Prüftag wurde zufällig bei offener Zimmertür eine Bewohnerin, die offensichtlich bewegungseingeschränkt und hochgradig desorientiert war, allein in ihrem Zimmer am Tisch sitzend angetroffen. Das Zimmer befand sich am Ende des langen Flures in weiter Entfernung vom Dienstzimmer, eine Notrufklingel stand ihr nicht zur Verfügung. Pflegekräfte waren nicht zu sehen. Der Fernseher war mit einem nicht bewohnerorientierten Programm eingestellt worden. Der Stuhl, auf dem sie saß, zeigte erhebliche Verschmutzungen, das Zimmer wirkte unaufgeräumt, der Wandanstrich zeigte Verschmutzungen und Abnutzungserscheinungen und der Nachttisch war ebenfalls schmutzig.

Zu freiheitseinschränkenden Maßnahmen, hier regelhaftes Hochstellen der Bettgitter und bei P3 lt. Pflegedokumentation auch »Fixierung« im Rollstuhl lagen keine Zustimmungen der Bewohner und/oder richterliche Genehmigungen vor.

Zur Durchführung von erforderlichen Körperpflegen, Mund- und Zahnpflegen wurde festgestellt, dass ein regelmäßiges Duschen/Baden der Bewohner sowie eine tägliche Pflege der Füße nicht immer stattfindet. Siehe auch oben zur Überprüfung der Pflegezustände.

Lt. Pflegeüberleitungsbogen der vorherigen Pflegeeinrichtung betrug das Körpergewicht am 20. 1. 06: 42 kg. Regelmäßige engmaschige Gewichtskontrollen waren der Pflegedokumentation nicht zu entnehmen. Das erstmalig in der Pflegeeinrichtung am 27. 2. 06 ermittelte Körpergewicht betrug lt. Pflegedokumentation 39,0 kg, danach am 3. 4. 06: 35,8 kg und am 4. 4. 06: 35,2 kg/BMI 14,6.

Der Pflegeprozessplanung waren keine handlungsleitenden Angaben zur individuellen Nahrungs- und Getränkeversorgung im Rahmen einer erforderlichen Kachexie- und Exsikkoseprophylaxe zu entnehmen. Es waren lediglich allgemein 5 passierte Mahlzeiten tgl. ohne konkrete Nennung z. B. zum tgl. Gesamtkalorienbedarf aufgeführt.

Individuelle handlungsleitende Angaben zur Flüssigkeitsversorgung fehlten ebenfalls.

Insgesamt wurde deutlich, dass die Pflege- und Betreuungssituation der Bewohnerin unangemessen ist und eine konkrete Gefährdung (u. a. bez. der Nahrungs- und Flüssigkeitsversorgung, Dekubitusgefährdung) besteht.

Es besteht lt. Angabe der Gesprächspartnerinnen unverändert eine schwierige Personalsituation mit hohen Krankenständen und weiterhin hohem und regelmäßigem Einsatz von wechselnden Leasingmitarbeitern.

In Gesprächen mit Pflegekräften und im Rahmen teilnehmender Beobachtung wurde deren hohe Belastung deutlich. Einige Feststellungen zu unangemessenem und übergreifendem Verhalten gegenüber Bewohnern weisen auf Anzeichen einer bereits eingetretenen Überforderung und Überlastung hin.

Anzumerken ist, dass die jetzigen Feststellungen u. a. zur angespannten Personalsituation mit negativen Auswirkungen auf die Durchführung interner Qualitätssicherung und der Pflegequalität bei Bewohnern bereits in den letzten Jahren bei den durchgeführten/Evaluationen mit nachdrücklicher Verdeutlichung der Trägerverantwortung und des dringenden Handlungsbedarfes thematisiert wurden.

Die eingangs aufgeführten Beschwerden zur anlassbezogenen Qualitätsprüfung lassen sich aufgrund der festgestellten Defizite nicht entkräften.

Zu allen Punkten wurden bei der Überprüfung der Ergebnisqualität/Auswertung der Pflegedokumentation gravierende Mängel festgestellt.

Und Vivantes? In einem Bericht der ARD-Sendung *Report* spricht der Konzern gegenüber den Journalisten diesbezüglich von »Optimierungsbedarf«.

Das Horror-Heim

Mich interessierte natürlich, ob die Geschichte von Frau Heinisch möglicherweise nur ein Einzelfall ist. Doch ich machte die erschreckende Erfahrung, dass dieser Umgang mit Zivilcourage scheinbar deutschlandweit verbreitet ist.

Nach einem Fernsehbeitrag der ARD-Sendung *Monitor* erhielt ich folgende E-Mail:

»Sehr geehrter Herr Breitscheidel,
herzlichen Glückwunsch zu Ihrem offenen Beitrag. Ich bin Pflegedienstleitung und kann bestätigen, wie katastrophal es in manchen Pflegeheimen zugeht. Leider bin ich selbst auch im vergangenen Jahr an ein solches Haus geraten. Und weil die Missstände dort für mich nicht vertretbar waren, kündigte ich schließlich selbst und zeigte das Haus bei der Heimaufsicht an. Es geschah nichts. Aus diesem Grund suchte ich den Weg zur zuständigen Staatsanwaltschaft und erstattete Strafanzeige.«

Und dann folgte die Geschichte des Heims, in dem die Pflegedienstleitung gearbeitet hat: Ermittlungen in zwei Todesfällen, ein Verdacht der vorsätzlichen Körperverletzung und gegen das Heimleiter-Trio wird wegen Unterschlagung und Betrugs ermittelt. Ein Betreiber spricht von einer »ganz üblen Hetzkampagne«. Ein Arzt, eine Pflegedienstleiterin und eine Altenpflegerin, die dort arbeiteten, sprechen eine andere Sprache.

Der Arzt: Dr. Werner Sch.

Ich bin als niedergelassener Arzt seit 1981 in einem Ort in der Nähe des Heims tätig. Mitte der 80er Jahre fragte mich die Heimleiterin und Betreiberin des Hauses, ob ich nicht Patienten aus ihrem Pflegeheim übernehmen möchte. Ich hatte in dieser Zeit so zwischen zwei und sieben Patienten zur Betreuung. Durch Tod habe ich natürlich welche verloren, andere sind hinzugekommen. Apropos Tod, da gab es viele Problemfälle. Für das Ausfüllen der Totenbescheinigung sind verschiedene Personalien und Papiere erforderlich, diese waren jedoch oft nicht vollständig in der jeweiligen Dokumenten-Mappe vorhanden. Ich habe deshalb verlangt, es sollten immer Kopien von den jeweiligen Ausweisen der Verstorbenen beigelegt werden. Das wurde mir jedoch unter Hinweis auf die Kosten von Kopien verweigert. Weitere Probleme gab es mit der Leichenschau, da tote Patienten meist nicht mehr auf ihren Zimmern waren. Sie wurden in einem Nebengebäude in einer kleinen Kammer untergebracht. Das ist nicht zulässig, laut Bestattungsgesetz müssen Verstorbene vor Ort bleiben, bis die Leichenschau durchgeführt ist.

Keine Zwischenmahlzeiten für Diabetiker

Problematisch im Heim war auch die Versorgung. Bei Diabetikern habe ich öfter festgestellt, dass sie nicht genügend Zwischenmahlzeiten bekommen haben. Diabeteskranke müssen öfter essen, um den Blutzuckerspiegel auf einem möglichst konstanten Level zu halten. Ich habe auch oft Patienten gefragt und sie haben mir meine Beobachtungen bestätigt.

Kein Telefon auf der Station

Aus meinem Gefühl heraus kann ich sagen, dass das Pflegeheim unterbesetzt war. Das Personal hat zudem oft gewechselt und das Team hat untereinander nicht funktioniert. Eines Abends wurde ich von der Heimleiterin zu einer Patientin, der es nicht gut ging, gerufen. Der Zustand der Frau war sehr kritisch, sie ist dann am übernächsten Tag verstorben. Ich habe mich an die diensthabende Nachtschwester gewandt und sie gefragt, warum sie nicht selbst einen Arzt gerufen hat. Sie antwortete mir, dass sie auf der Station kein Telefon mehr hätten, da das Personal zu viel telefonieren würde. Aus meiner Sicht sind das untragbare Zustände.

Kaum Desinfektionsmittel vorhanden

Was mich in diesem Haus sehr gewundert hat, ist, dass die Heimaufsicht ihre Begehungen angekündigt hat. Ich weiß von anderen Häusern, wie pingelig dort gearbeitet wird und wie pingelig die Heimaufsicht dort überprüft. Es gab einen Ausspruch, wonach Desinfektionsmittel nur dann zur Verfügung standen, wenn der Besuch der Heimaufsicht bevorstand. Ansonsten standen nämlich keineswegs immer Desinfektionsmittel zur Verfügung. Wie gesagt, da macht man sich dann seine eigenen Gedanken.

Die Pflegedienstleiterin: Angelika P.

Ich habe von Januar 2001 bis Januar 2002 dort gearbeitet. In der Einrichtung gab es gravierende Mängel, die ich schriftlich dem Landratsamt mitgeteilt habe.

So bekamen einige der Bewohner 160 Euro Taschengeld, die Leute mussten den Erhalt gegenzeichnen. Ich weiß allerdings von mindestens zwei Fällen, wo sich der

Heimleiter den Erhalt des Geldes quittieren ließ, es aber nicht an die Bewohner auszahlte. Ich habe das damals hinterfragt, mir wurde dann als Antwort gegeben, es ginge um die Anschaffung eines neuen Fernsehgerätes.

Ein anderer Fall war die Ausgabe von Erfrischungsgetränken im Sommer. Das Personal war angewiesen, Bewohnern ohne Taschengeld nur Leitungswasser auszuschenken. Allerdings wurden mir zum Ende des Monats immer Limonaderechnungen abgegeben, die ich in bar bei den Angehörigen einfordern sollte und auch in bar im Büro der Heimleitung abgeben musste. Diese Vorgehensweise war für mich absolut unüblich.

Abgelaufene Medikamente wurden ausgegeben

Zudem hat die Heimleiterin einmal angeordnet, Bewohnern, die an massivem Durchfall litten, abgelaufene Pillen zu verabreichen. Die Packungen wurden damals in den USA gekauft, das Haltbarkeitsdatum war bereits überschritten. Das Pflegepersonal hat sich damals geweigert, die Medikamente auszugeben. Die Heimleiterin hat das nicht mitbekommen, wir haben dann immer den Arzt gerufen.

Missbrauch wurde auch mit den Dienstplänen betrieben. Neben dem von mir angefertigten existierten schon mal drei bis vier andere, die dann dem Landratsamt vorgelegt wurden. Ich kann mich erinnern, bei einem der Pläne kannte ich nicht einmal die dort angegebenen Namen des Pflegepersonals. So kam nicht heraus, dass nicht in jeder Schicht eine examinierte Pflegekraft anwesend war. Das war vor allem nachts der Fall.

Biermarken für den Heimleiter

Ein besonders krasser Fall ist mir noch aus dem Jahre 2001 in Erinnerung. Das Landratsamt hat damals den 25 Heimbewohnern eine Einladung für einen Herbstfestbesuch mit je einem Gutschein für ein Lebkuchenherz, ein halbes Hähnchen und eine Maß Bier geschickt. Ein großer Teil der Biermarken ist einfach eingezogen worden, ohne dass die Bewohner etwas davon gesehen haben.

All diese Vorfälle habe ich dann Ende November 2001 dem Landratsamt schriftlich mitgeteilt. Kurz vor Weihnachten hatte ich meine fristlose Kündigung in der Hand. Als Grund war »Anschwärzen beim Landratsamt« angegeben. Ich habe dagegen geklagt, die fristlose wurde in eine normale betriebsbedingte Kündigung umgewandelt.

»Ich kann die Kreaturen nicht mehr sehen«

Problematisch war auch der Umgang mit verstorbenen Bewohnern. Wir mussten sie sofort aus dem Zimmer ins Hinterhaus in eine Kammer bringen, weil im Haus keine Toten geduldet wurden. Ich habe die Zustände damals auch Herrn Dr. Sch. geschildert. Er war ebenfalls der Meinung, dass ich das Ganze dem Landratsamt anzeigen müsste. Überhaupt war der Umgang mit den Bewohnern sehr unwürdig. Nach dem Essen mussten sie sofort in ihre Zimmer gebracht werden, es gab keinen richtigen Aufenthaltsraum. Ich kann mich noch an eine Äußerung der Heimleiterin erinnern: »Macht die Tür zu, ich kann die Kreaturen nicht mehr sehen.«

Die Pflegekraft: Claudia G.

Ich war von Mai bis Mitte Juni 1999 im Haus als Pflegehelferin angestellt. Zusammen mit dem damaligen Pflegedienstleiter Herrn Z. haben wir schlimme Vorfälle regelrecht gesammelt. Herr Z. hat eine Kündigung bekommen und ist meines Wissens nach sogar geschlagen und mit einer Pistole bedroht worden.

Nicht genug zu trinken und verdorbenes Essen

Auch bei den Getränkerechungen wurde betrogen. Auf den Belegen, die an die Sozialämter oder die jeweiligen Angehörigen gegeben wurden, waren Säfte, Limo, Spezi und Wasser aufgeführt, aber davon wurde oft nichts ausgeschenkt. Ich kann mich an einen Vorfall im Sommer erinnern: Es war sehr heiß, viele der Bewohner hatten Kreislaufprobleme wegen Flüssigkeitsmangel. Einige waren bereits regelrecht im Delirium. Herr Z. und ich haben dann Tee gekocht, den wir an die Bewohner ausgeschenkt haben. Es gab ja sonst nicht genug zu trinken. Die Heimleiterin kam dazu, sie hat sich furchtbar aufgeführt und geschrien, wer das denn angeordnet hätte.

Ähnlich dramatisch ging es auch bei Lebensmitteln zu. Einmal wurde Hackbraten ausgegeben, der mit Sicherheit schon einige Tage alt war. Viele der Heimbewohner bekamen dann Durchfall. Es war sehr häufig, dass in dem Heim Magen-Darm-Erkrankungen festgestellt wurden.

Diabetikerkost gab es übrigens nicht, es wurde immer nur ein Essen gekocht. Zwischenmahlzeiten wurden auch kaum ausgegeben. Bei einigen Bewohnern stand von Zeit zu Zeit mal ein Joghurt herum.

Blaue Flecken an den Armen, Zimmer ohne Fenster

Sprechen konnten wir mit den Bewohnern nur das Nötigste, es war auch kaum Zeit dazu. Es gab im ganzen Heim auch keine richtigen Sozialräume. Die Einzigen, die hofiert wurden, waren Bewohner mit Angehörigen, die sie regelmäßig besucht haben. Um die anderen wurde sich viel zu wenig gekümmert.

In Sachen Misshandlungen ist mir der Fall einer älteren Dame in Erinnerung, die immer sehr agil war. Eines Tages hatte sie blaue Flecken an den Unterarmen. Ich nehme an, dass sie gewaltsam ins Bett gedrückt worden ist, nachdem sie wiederholt versucht hatte, aufzustehen. Sie wollte auch mehr Ansprache haben, war deshalb wohl immer so unruhig. Man hat mir dann erklärt, dass ältere Menschen schnell mal Blutergüsse bekommen.

Ich weiß auch noch, dass Umbauarbeiten im Untergeschoss des Hauses stattfanden. In einem Zimmer, in dem die Fenster ausgehängt waren, wurde der Bewohner einfach liegengelassen. Wo sich vorher die Scheiben befanden, gab es nur notdürftige Vorhänge. Der Mann ist dann später an einer Lungenentzündung gestorben.

Bei Todesfällen weiß ich, dass die Leichen möglichst schnell aus dem Zimmer gebracht wurden. Die wurden dann so rasch wie möglich nach Wertgegenständen durchsucht.

Bis zum Erscheinen dieses Buches wurden in dem Heim keine wesentlichen Veränderungen sichtbar.

Rechtliche Probleme der Pflegekräfte oder David gegen Goliath

Die vielen Zuschriften, die ich erhielt, waren von Angst und Depression geprägt. Mir wird von Tag zu Tag klarer, warum. Die professionellen Pflegekräfte befinden sich in einer Zwickmühle:

Melden sie die Missstände an die staatlichen Behörden, werden sie nicht ernst genommen und verlieren obendrein noch ihre Anstellung. Doch was passiert, wenn sie stillhalten?

Bei groben Verstößen werden so gut wie nie die Heime selbst belangt, sondern fast immer nur die Pflegekräfte.

Im juristischen Ernstfall sehen sich die entsprechenden Mitarbeiter mit einer Anklage wegen gefährlicher Pflegehandlung konfrontiert. Die häufigsten Vorwürfe sind:

- der Dekubitus
- der Sturz
- die Fehler in der Medikamentenverabreichung
- fehlerhafte Fixierung.

Hauptbeschuldigungen der Anklage sind hierbei – neben mangelnder Fachlichkeit – Defizite in der Bewohnerdokumentation sowie fehlende Kommunikation mit weiteren Beteiligten im Leistungsbereich. Hier zwei Beispiele für Urteile:

Am 23.04.2004 stand eine examinierte Pflegekraft vor dem Oberlandesgericht Dresden. Auf ihrer Pflegestation war eine Bewohnerin gestürzt und hatte sich mehrere Brüche zugezogen. Die Examinierte wurde zu einer Schadensersatzzahlung von 86 000 Euro verurteilt, zudem verlor sie ihren Arbeitsplatz. (OLG Dresden 7U735/04)

In einem Heim in Oldenburg sah sich eine Pflegerin aufgrund von Unterbesetzung ihren Aufgaben nicht mehr gewachsen. Wegen der Angst, bei einer Beschwerde ihren Arbeitsplatz zu verlieren, verzichtete sie darauf, ihre Überlastung zu dokumentieren. Tagtäglich wurden somit Bewohner vernachlässigt. Ein Angehöriger zog vor das Oberlandesgericht Oldenburg. Die Pflegekraft wurde zu einer Schmerzensgeldzahlung von 17 500 Euro verurteilt. (OLG Oldenburg U 121/98)

Die Pflegenden befinden sich also in einer scheinbar ausweglosen Situation. Wie auch immer sie sich verhalten, letztendlich sind sie die Leidtragenden. Wie viele andere fragte auch ich mich: Was kann man tun?

Ich nutzte meinen sehr guten Kontakt zur Pflegeuniversität Witten/Herdecke, um nach Rat zu fragen. Der Rechtsexperte Prof. Kammeier gab folgende Empfehlung:

Jeder Arbeitnehmer unterliegt einer so genannten Remonstrationspflicht

»Die Remonstrationspflicht ist Teil der Dienstpflicht und verpflichtet den Arbeitnehmer, Bedenken gegen Rechtmäßigkeiten einer dienstlichen Anordnung unverzüglich bei seinen unmittelbaren Vorgesetzten geltend zu machen. Wird die Anordnung aufrecht erhalten, so hat sich der Arbeitnehmer gegebenenfalls an den nächsthöheren Vorgesetzten zu wenden. Wird die Anordnung bestätigt, ist sie auszuführen, sofern nicht Strafbarkeit vorliegt (Weigerungsrecht nach § 8Abs. 2BAT). Die Bestätigung hat auf Verlangen schriftlich zu erfolgen.

(Werner Schell *Staatsbürger- und Gesetzeskunde für Pflegeberufe in Frage und Antwort*, Stuttgart 2005)

»Je höher die dienstliche Position, je höher der Ausbildungsstand, je anspruchsvoller der Aufgabenbereich, um so eher wird für die weisungsgebundene Person eine Möglichkeit und deshalb eben auch u. U. eine Pflicht zur Mitsprache bestehen. Je größer der Schaden, der bei Ausführung der potentiell fehlerhaften Weisung einzutreten droht, je offensichtlicher, je eindeutiger der Fehler, um so gründlicher ist den Bedenken nachzugehen. Je gravierender das in der Weisung liegende Unrecht, um so eher darf und muss der Gehorsam verweigert werden. Je eiliger schließlich die Ausführung der Anordnung, um so grobmaschiger die Remonstrationspflicht.«

(D. Wilhelm *Verantwortung und Vertrauen bei Arbeitsteilung in der Medizin*, Stuttgart 1984)

Die Pflegekraft ist also *gesetzlich verpflichtet,* ihre Überlastung in Form einer Überlastungsanzeige anzugeben.

Muster einer Überlastungsanzeige

An die Krankenhaus- bzw. Pflegedienstleitung ...
Zur Zeit sind der Station ... Pflegekräfte zugeteilt. Benötigt werden aber insgesamt ... Pflegekräfte. Aufgrund des fehlenden Personals können die anfallenden pflegerischen Aufgaben nur unzureichend wahrgenommen werden. Mängel in der Krankenversorgung sind für die Zukunft nicht auszuschließen.
Ich mache hiermit in aller Form auf diese Situation aufmerksam und bitte bis zur Behebung der personellen Engpässe um Mitteilung, welche Aufgaben bei der augenblicklichen Situation unverzichtbar sind bzw. absoluten Vorrang haben.

(Werner Schell *Staatsbürger- und Gesetzeskunde für Pflegeberufe in Frage und Antwort,* Stuttgart 2005)

Eine weitere rechtliche Möglichkeit sich abzusichern, ist die Glaubhaftmachung durch die Abgabe einer eidesstattlichen Erklärung:

»Glaubhaftmachung bedeutet im Zivilprozess ein herabgesetztes Beweismaß. Der Beweisführer muss nicht wie beim Beweis dem Richter die vollständige persönliche Überzeugung von der Richtigkeit der Tatsachenbehauptung verschaffen, sondern hat die Tatsache schon dann glaubhaft gemacht, wenn diese dem Richter wahrscheinlich erscheint. Daneben befreit die Möglichkeit der Glaubhaftmachung, die die Zivilprozessordnung in bestimmten Fällen – insbesondere bei der einstweiligen Verfügung – einräumt, von der Einhaltung der Beweisformen des Strengbeweises (Zeuge, Sachverständiger, Urkunde, Augenschein und Parteivernehmung) und der bei ihrer Erhebung vorgeschriebenen Förmlichkeiten.

Deshalb kann der Beweisführer sich auch auf eine eidesstattliche Versicherung (sogar seine eigene) stützen. Andererseits ist bei der Glaubhaftmachung die Beweisaufnahme auf präsente Beweismittel beschränkt, so dass ein Vorgang beispielsweise nicht durch Bezeichnung abwesender Zeugen oder den Antrag auf Einholung eines Sachverständigengutachtens glaubhaft gemacht werden kann.«

(Quelle: http://de.wikipedia.7val.com/wiki/Glaubhaftmachung/7val-fit-sid=0f3de1c7e2b6a1505d4ea636784b0b10)

Aufgrund meiner Erfahrung empfehle ich jedoch, sich von einem Fachanwalt über die Risiken einer Überlastungsanzeige beraten zu lassen. Letztendlich geht es hier um den Arbeitsplatz!

Bevor die Kriminalpolizei eingeschaltet wird, ist es zum Beispiel sehr wichtig, die festgestellten Missstände zunächst der staatlichen Heimaufsicht und dem MDK mitzuteilen. Es kann allerdings sein, dass diese beiden Behörden nicht in der Form reagieren, die bei diesem Problem zu erwarten wäre. Auf vielen Podiumsdiskussionen saß ich mit deren Mitarbeitern zusammen und berichtete von den selbst erlebten Missständen in der Pflege. Meistens behaupteten sie, es handle sich um bedauernswerte Einzelfälle und in ihrem Zuständigkeitsbereich wäre alles in Ordnung. Doch im Publikum saßen stets Pflegekräfte und Angehörige, die auf Nachfrage meine Erfahrungen bestätigten. Die Diskussion kippte immer wieder an dieser Stelle und die Mitarbeiter der staatlichen Behörden gaben vereinzelt Probleme zu, die dann auch nicht mehr zu leugnen waren.

Zudem erhielt ich mehrere Anrufe von Mitarbeitern der Heimaufsicht, die immer mit der dringenden Bitte verbunden waren, ihre Namen und konkreten Aussagen nicht zu veröffentlichen. Durch die stetigen Kontrollen wurden sie stets genauestens über die Missstände in ihrem Verantwortungsbereich informiert. Doch auch hier herrscht die Angst, den Arbeitsplatz zu verlieren, wenn man das Wissen an die Öffentlichkeit trägt.

»Wir brauchen eine Task force Pflege in Not« – Eine Gutachterin geht an die Öffentlichkeit

Bei einer Radiosendung des NDR lernte ich eine Sozialmedizinerin kennen, eine mutige Frau, die über Jahre mit der Begutachtung in der stationären Pflege beschäftigt war und nicht länger darüber schweigen will.

? *Wie stehen Sie beruflich in Verbindung mit der Altenpflege?*
! Antwort der Sozialmedizinerin: Ich bin von Hause aus Ärztin für Sozialmedizin und war auch mit Einführung der Pflegeversicherung in die Pflegebegutachtung eingebunden, sowohl im häuslichen als auch im stationären Bereich. Ich habe in einer größeren Region etwa 18 ambulant pflegende Einrichtungen kennen gelernt und etwa 46 stationäre.

? *Sie haben in der Vergangenheit mehrfach Missstände erlebt. Der Schaumburger Fall war ein besonders brisanter …*
! Im Schaumburger Fall hatten mir einige Mitarbeiter Missstände in einer Einrichtung offenbart, die ich auch dann an die Ordnungsbehörde weitergeleitet habe. Diese Missstände waren so gravierend, dass man sich gemeinsam zu einer Begehung der Einrichtung entschloss. Sowohl die Staatsanwaltschaft als auch der medizinische Dienst, das Gesundheitsamt und die Heimaufsicht. Und im Rahmen dieser Begehung wurden eklatante Missstände festgestellt. Als die Personen, die diese Aussagen getroffen haben, merkten, dass die Pflegedienstleitung nach zehn Monaten

noch immer im Amt war, haben sie sich an die Öffentlichkeit gewandt, allerdings anonym. Sie bekamen dann ein Verfahren, sowohl zivilrechtlicher als auch arbeitsrechtlicher Natur, das zwei Jahre gedauert hat und darin gipfelte, dass sie an einem Teil der Gerichtskosten hängen blieben, so etwa um die 600 Euro für jeden.

? *Dafür, dass die Mitarbeiter die Wahrheit gesagt haben, sind sie nun auch noch bestraft worden?*
! Ja, aber es ist uns gelungen, durch eine Stiftung die Anwaltskosten zu begleichen, so dass sie wenigstens hier ohne finanzielle Belastung raus waren.

? *Eine sehr mutige Aktion von den Mitarbeitern, die ihresgleichen sucht.*
! Ja, das würde ich auch sagen. Sie standen voll hinter dem, was sie gesagt hatten, waren überzeugt und es war die Wahrheit, die sie gesagt hatten. Sie haben mutig die zwei Jahre dieser Prozesse über sich ergehen lassen und die Schriftsätze, die so manchen das Fürchten hätten lehren können. Eigentlich ein Fall für das Bundesverdienstkreuz.

? *Ich habe selbst mehrfach Briefe von solchen Menschen bekommen. Ein Beispiel: Fünf Pflegekräfte gehen an einem Montagmorgen mit drei DIN-A4-Seiten Missständen zur staatlichen Heimaufsicht und melden diese ganz ordnungsgemäß. Drei von ihnen möchten noch am gleichen Tag ihren Spätdienst antreten und haben bereits die Kündigung auf dem Tisch. Sind Ihnen aus Ihrer Erfahrung solche Fälle auch bekannt?*
! Ich weiß, dass eine enorm große Angst unter dem Pflegepersonal herrscht, Missstände nach außen bekannt zu geben. Zwar kommen Klagen über Klagen, aber anonym, weil man sich vor Sanktionen fürchtet. Es ist mir auch in einigen Seminaren gesagt worden, dass offensichtlich ganz bestimmte

Einrichtungen »Schwarze Listen« führen, in denen diese Namen gehandelt werden. Wo immer man sich bewirbt, wird man nie wieder eine Stelle bekommen. Und solange das Personal sich nicht selbst organisiert, nicht begreift, dass es diese Strukturen unterstützt, werden wir da nicht sehr viel erreichen können. Die müssen auch selber aufwachen.

? *Aber wenn sie in der Konsequenz dann um ihren Job fürchten müssen …*
! Meine Wunschvorstellung war eigentlich, so eine Art Task force »Pflege in Not« zu etablieren. Eine Anlaufstelle, wo dieses Personal anonym geschützt werden kann, wo diese Beschuldigungen sorgfältig auf ihren Wahrheitsgehalt geprüft werden. Wo alle, von der Heimaufsicht über das Gesundheitsamt bis zur Staatsanwaltschaft gemeinsam prüfen, schließlich gemeinsam eine Begehung machen und anhand der Informationen diese Dinge auch aufdecken. Natürlich müsste das dann auch Konsequenzen haben, nicht nur mit Auflagen zur Verbesserung, sondern mit konsequenten Sanktionen, wenn sich die Zustände in einer vorgegebenen Zeit nicht deutlich ändern.

? *Was ist Ihrer Meinung nach nötig, um solche Missstände endgültig zu beseitigen?*
! Es müsste gelingen, die Träger und Betreiber, Heimleiter und Pflegedienstleitungen davon zu überzeugen, dass man an der Pflege heutzutage erst einmal nicht mehr klotzig verdienen kann, und sie auf der anderen Seite dazu zwingt, in die internen Strukturen zu investieren. Es gibt gute Einrichtungen und es gibt diese desolaten Einrichtungen. Bei den guten habe ich bemerkt, dass der Träger, die Heimleitung und die Pflegedienstleitung irgendeine Vorstellung davon haben, was sie in ihrer Einrichtung mit ihrem Personal und mit den Bewohnern machen möchten und wie sie sie entsprechend ihrer besonderen Schwierigkeiten versorgen wollen.

Diese Einrichtungen arbeiten trotz der allseits beklagten schwierigen Bedingungen insgesamt gerade noch im schwarzen Bereich. Üppig verdienen können die kaum, das ist ihnen aber, glaube ich, auch gar nicht so wichtig, sondern sie haben etwas anderes im Hinterkopf. Die Einrichtungen, die eine solche menschliche Wärme, gute Pflege, vor allem mit so einer guten Ergebnisqualität bringen, sind mit Sicherheit nicht immer bezüglich der Struktur und des Pflegeprozesses optimal. Aber es gelingt ihnen, den Menschen mit seinen Problemen zu erfassen und entsprechend zu versorgen, so dass alle zufrieden sein können.

Dann gibt es die anderen, die nur darauf ausgerichtet sind, Geld aus der Einrichtung zu ziehen, und das kann man am besten machen, indem man am Personal und an der Qualifikation des Personals spart. Daraus resultieren dann alle diese Begebenheiten, die Sie ja hinreichend immer wieder gehört haben.

? *Seit Jahren wird von einer Charta für Behinderte und Pflegebedürftige gesprochen, die nur auf ihre Umsetzung wartet.*

! Diese Charta ist eigentlich etwas ganz Normales und praktisch ein Ausdruck des Grundgesetzes. Sie umschreibt Versorgungsformen, die sich jeder normale Mensch wünscht, wenn er alt und hilfsbedürftig ist. Diese Charta konnte bisher nicht umgesetzt werden, weil die Wohlfahrtsverbände der Meinung waren, das könnten sie sich gar nicht leisten – eine echte Bankrotterklärung. Denn dadurch geben sie offen zu, dass sie in der Vergangenheit niemals eine menschlich warme Pflege haben leisten können und in Zukunft auch nicht leisten werden.

Besonders erschreckend ist zudem, dass man jetzt einen Modellversuch machen möchte, wie diese Charta in ausgedehnten Einrichtungen überhaupt umgesetzt werden kann. Wo leben wir denn, dass ich einen Modellversuch machen muss, wer eine normale, menschlich warme, menschenwürdige Pflege bieten kann? Ich erwarte das von allen Einrichtungen.

? *Die Politik meidet dieses Thema gerne. Und spricht von einigen wenigen »schwarzen Schafen«. Sie selbst haben ja schon mehrfach Politiker intern in einem Schreiben über Ihre Erfahrungen informiert. Wie waren die Reaktionen?*

! Sehr ernüchternd. Man wünschte eigentlich nicht, über diese Dinge aufgeklärt zu werden, und es kamen nichtssagende Antworten zurück.

Ich bin übrigens der Meinung, dass es sich nicht um einzelne schwarze Schafe handelt. Auch die Ergebnisse in der Qualitätsprüfung durch den MDK haben ja ergeben, dass etwa 70 Prozent der Einrichtungen eine angemessene Pflege machen – was immer das auch ist. Aber die anderen eben nicht. Und 30 Prozent sind eben nicht nur ein bisschen.

? *Inwieweit sehen Sie die Hausärzte in der Pflicht, etwas zu tun?*

! Die Hausärzte sehe ich sehr wohl in der Pflicht, etwas zu tun. Denn jeder von ihnen ist verantwortlich für das Wohl und Wehe seiner Patienten, und er hat sich darum zu kümmern, dass sie ordentlich medizinisch und pflegerisch behandelt werden. Umgekehrt kenne ich aber auch Einrichtungen, die kritische Hausärzte schlichtweg abschaffen.

Wichtig ist, dass sich Arzt und Pflegekräfte mehr gemeinsam um den Patienten kümmern. Ich habe immer das Gefühl, dass von den Ärzten die Kompetenz des Pflegepersonals nicht wahrgenommen wird, dass ihnen das eher lästig ist. Wenn ich dann sehe, dass beispielsweise dem Personal zur Last gelegt wird, wenn Leute unterernährt sind, dann frage ich mich natürlich auch: Hat der Arzt mal nach dem Gebiss geguckt? Hat er mal in den Mund geguckt, hat er mal geschaut, ob eine Schluckstörung da ist, hat er mal eine Logopädie oder Ergotherapie verordnet? Und hat er mal gefragt, was der Patient eigentlich isst, wie man das Essen schmackhafter machen könnte?

? *Sehen Sie die Menschenwürde in Einrichtungen für alte Menschen noch beachtet?*
! Ich würde sagen ja. Es gibt gute Einrichtungen, in denen die Menschenwürde sehr wohl geachtet wird und wo es den Bewohnern richtig gut geht. Das sind nur wenige und ganz langsam werden es mehr. Das wurde auch durch die kontinuierliche Präsenz der Gutachter in diesen Einrichtungen, gestiegene Anforderungen an die Leistung und kritische Angehörige erreicht. Denen, die gute Arbeit machen, immer wieder vorzuhalten, die Pflege sei generell furchtbar, ist demotivierend. Aber die, die tatsächlich eine furchtbare Pflege machen, die sollten wir uns schnappen und versuchen, das abzustellen.

? *Altersverwirrte Menschen fallen in Sachen menschenwürdige Pflege besonders schnell durchs Raster.*
! Die große Menge an Menschen mit Demenzerkrankungen hat uns offensichtlich alle überrascht und überrollt. Fast sämtliche Einrichtungen stehen im Moment vor dem Problem, mit Altersverwirrten gut umzugehen. Was ich aber beispielsweise auf lange Sicht so nicht hinnehmen würde, ist, dass man Demente wegschließen muss, wenn man sie sach- und fachgerecht versorgen kann. Das haben uns ja viele schon vorgemacht. Ich würde mir wünschen, dass es eine Auflage gibt an alle Einrichtungen, die Demenzkranke versorgen, innerhalb einer bestimmten Zeit Pflegestrukturen zu entwickeln, die diesen Menschen gerecht werden. Wer das nicht tut, muss mit ernsthaften Folgen rechnen.

? *Das Problem ist ja, dass eben die Demenz in der Pflegeversicherung fast gar keine Rolle spielt und die soziale Be-*

treuung deshalb auch als ein untergeordnetes Problem und nur am Rande wahrgenommen wird. Das bedeutet letztendlich, dass das Heim diesen Einsatz gar nicht oder nicht angemessen bezahlt bekommt.

! Bei Dementen ist es wirklich so, dass sie in ihrer Anfangsphase eigentlich schon allgemeine Beaufsichtigung und Betreuung brauchen, aber auch bei Ausschöpfung aller Hilfestellungen im Rahmen von Anleitung und Überwachung die Pflegestufe 1 schlichtweg nicht erreichen. Wenn die Krankheit fortschreitet – und das geht oft relativ schnell – ist die Versorgung in vielen Fällen sehr zeitaufwendig. Diese gesamte betreuerische Leistung überschreitet häufig bei weitem das, was die Pflegestufe zulässt. Da macht es den Einrichtungen Schwierigkeiten, das entsprechende Personal in ausreichender Menge zu bekommen.

? *Im Hinblick auf die demographische Entwicklung scheint es mehr und mehr notwendig, den gemeinnützigen Einsatz von Menschen zu fordern, gerade bei der sozialen Betreuung.*

! Richtig, die Zeit fehlt für das Detail, für das Spazierengehen und Ähnliches mehr. Man kann diese Einsamkeit, die da herrscht, mit dem vorhandenen Pflegepersonal rund um die Uhr nicht so einfach abdecken. Doch dazu brauche ich gar keine hoch ausgebildeten Leute. Ich könnte mir auch vorstellen, dass wir eine ganze Reihe rüstiger Rentner haben, die sich durchaus sozialen Aufgaben widmen können. Ich könnte mir ebenfalls vorstellen, dass sie ein Jahr eher ihre Rente bekommen, wenn sie sich in dieser Zeit gemeinnützig beschäftigen. Also so eine Art soziales Jahr, bevor man in Pension geht. Ich würde mir auch wünschen, dass die Einrichtungen begreifen, dass Angehörige nicht lästig sind, sondern sehr gute Partner des Pflegepersonals sein können.

? *Was wünschen Sie sich für die Zukunft?*

! Ich habe mehrere Träume. Mein erster Traum wäre, dass die Kunde durchs Land geht, an Pflege kann man nicht verdienen. Sie ist eine Dienstleistung an den Ärmsten und Schwächsten unserer Gesellschaft, und hier sollen wir dienen und nicht verdienen.

Zudem wünschte ich mir bei den Amtsrichtern mehr Sensibilität für Übergriffe in die Menschenwürde der Pflegeabhängigen. Übergriffe wie nächtliches Waschen oder Windel vorlegen, weil keiner Zeit hat, sie zur Toilette zu führen, oder aus Zeitersparnisgründen zu füttern, obwohl sie noch selber essen könnten, müssen als Delikt und nicht einfach nur als eine Ordnungswidrigkeit wahrgenommen werden.

Die Charta der Grundrechte der Europäischen Union »Sozial-Charta«

Präambel

In dem Bewusstsein ihres geistig-religiösen und sittlichen Erbes gründet sich die Union auf die unteilbaren und universellen Werte der Würde des Menschen, der Freiheit, der Gleichheit und der Solidarität. Sie beruht auf den Grundsätzen der Demokratie und der Rechtstaatlichkeit. Sie stellt den Menschen in den Mittelpunkt ihres Handelns, indem sie die Unionsbürgerschaft und einen Raum der Freiheit, der Sicherheit und des Rechts begründet.

Zu diesem Zweck ist es notwendig, angesichts der Weiterentwicklung der Gesellschaft, des sozialen Fortschritts und der wissenschaftlichen und technologischen Entwicklungen den Schutz der Grundrechte zu stärken, indem sie in einer Charta sichtbarer gemacht werden.

Diese Charta bekräftigt unter Achtung der Zuständigkeiten und Aufgaben der Union und des Subsidiaritätsprinzips die Rechte, die sich vor allem aus den gemeinsamen Verfassungstraditionen und den gemeinsamen internationalen Verpflichtungen der Mitgliedstaaten, aus der Europäischen Konvention zum Schutz der Menschenrechte und Grundfreiheiten, aus den von der Union und dem Europarat beschlossenen Sozialchartas sowie aus der Rechtsprechung des Gerichtshofs der Europäischen Union und des Europäischen Gerichtshofs für Menschenrechte ergeben.

Daher erkennt die Union die nachstehend aufgeführten Rechte, Freiheiten und Grundsätze an.

TITEL I

WÜRDE DES MENSCHEN
(Artikel II–61)
Die Würde des Menschen ist unantastbar. Sie ist zu achten und zu schützen.

RECHT AUF LEBEN
(Artikel II–62)
(1) Jeder Mensch hat das Recht auf Leben.
(2) Niemand darf zur Todesstrafe verurteilt oder hingerichtet werden.

RECHT AUF UNVERSEHRTHEIT
(Artikel II–63)

(1) Jeder Mensch hat das Recht auf körperliche und geistige Unversehrtheit.

(2) Im Rahmen der Medizin und der Biologie muss insbesondere Folgendes beachtet werden:
   a) die freie Einwilligung des Betroffenen nach vorheriger Aufklärung entsprechend den gesetzlich festgelegten Einzelheiten,
   b) das Verbot eugenischer Praktiken, insbesondere derjenigen, welche die Selektion von Menschen zum Ziel haben,
   c) das Verbot, den menschlichen Körper und Teile davon als solche zur Erzielung von Gewinnen zu nutzen,
   d) das Verbot des reproduktiven Klonens von Menschen.

TITEL II

FREIHEITEN
(Artikel II–66)

Jeder Mensch hat das Recht auf Freiheit und Sicherheit.

TITEL III

GLEICHHEIT
(Artikel II–80)

Alle Personen sind vor dem Gesetz gleich.

NICHTDISKRIMINIERUNG
(Artikel II–81)

(1) Diskriminierungen insbesondere wegen des Geschlechts, der Rasse, der Hautfarbe, der ethnischen oder sozialen Herkunft, der genetischen Merkmale, der Sprache, der Religion oder der Weltanschauung, der politischen oder sonstigen Anschauung, der Zugehörigkeit zu einer nationalen Minderheit, des Vermögens, der Geburt, einer Behinderung, des Alters der der sexuellen Ausrichtung sind verboten.

RECHTE ÄLTERER MENSCHEN
(Artikel II–85)

Die Union anerkennt und achtet das Recht älterer Menschen auf ein würdiges und unabhängiges Leben und auf Teilnahme am sozialen und kulturellen Leben.

INTEGRATION VON MENSCHEN MIT BEHINDERUNG
(Artikel II–86)

Die Union anerkennt und achtet den Anspruch von Menschen mit Behinderung auf Maßnahmen zur Gewährleistung ihrer Eigenständigkeit, ihrer sozialen und beruflichen Eingliederung und ihrer Teilnahme am Leben der Gemeinschaft.

SCHUTZ BEI UNGERECHTFERTIGTER ENTLASSUNG
(Artikel II–90)

Jede Arbeitnehmerin und jeder Arbeitnehmer hat nach dem Unionsrecht und den einzelstaatlichen Rechtsvorschriften und Gepflogenheiten Anspruch auf Schutz vor ungerechtfertigter Entlassung.

GERECHTE UND ANGEMESSENE ARBEITSBEDINGUNGEN
(Artikel II–91)

(1) Jede Arbeitnehmerin und jeder Arbeitnehmer hat das Recht auf gesunde, sichere und würdige Arbeitsbedingungen.

(2) Jede Arbeitnehmerin und jeder Arbeitnehmer hat das Recht auf eine Begrenzung der Höchstarbeitszeit, auf tägliche und wöchentliche Ruhezeiten sowie auf bezahlten Jahresurlaub.

SOZIALE SICHERHEIT UND SOZIALE UNTERSTÜTZUNG
(Artikel II–94)

(1) Die Union anerkennt und achtet das Recht auf Zugang zu den Leistungen der sozialen Sicherheit und zu den sozialen Diensten, die in Fällen wie Mutterschaft, Krankheit, Arbeitsunfall, Pflegebedürftigkeit oder im Alter sowie bei Verlust des Arbeitsplatzes Schutz gewährleisten, nach Maßgabe des Unionsrechts und der einzelstaatlichen Rechtsvorschriften und Gepflogenheiten.

GESUNDHEITSSCHUTZ
(Artikel II–95)

Jeder Mensch hat das Recht auf Zugang zur Gesundheitsvorsorge und auf ärztliche Versorgung nach Maßgabe der einzelstaatlichen Rechtsvorschriften und Gepflogenheiten. Bei der Festlegung und Durchführung der Politik und Maßnahmen der Union in allen Bereichen wird ein hohes Gesundheitsschutzniveau sichergestellt.

Gewalt in der Pflege und was man dagegen tun kann

Schon in meinem ersten Buch habe ich mich sehr intensiv mit dem Tabuthema Gewalt in der Pflege beschäftigt. Ich beschrieb den Zusammenhang zwischen den Arbeitsbedingungen, also dem monotonen Abarbeiten von Pflegetätigkeiten, und den daraus folgenden Gewalttaten. Diese Erkenntnis brachte Politiker wie Rita Süssmuth oder die bayerische Sozialministerin Christa Stevens dazu, sich öffentlich für die Abschaffung des Systems »Pflege nach Zeit« einzusetzen.

Aufgrund der vielen negativen Erlebnisse ließ mich das Thema nicht los und ich recherchierte weiter, um die Ursache für dieses Problem zu finden. Dabei stieß ich auch auf ein Gedicht von Erich Fried, das auf den Punkt bringt, worum es geht.

Gewalt bedeutet also nicht nur, jemanden zu schlagen, zu misshandeln oder gar zu töten. Gewalt hat viele Gesichter – und zeigt sich oft subtil. Durch Demütigung, Vernachlässigung, Missachtung oder Nötigung. Zwar ist die Gesellschaft sensibler geworden. So wird heute nicht mehr toleriert, dass Kinder in der Schule »gezüchtigt« werden. Und auch häusliche Gewalt gegen Frauen wird heute nicht mehr als »Privatsache« gesehen. Sogar Stalking ist inzwischen ein öffentliches Thema und wird strafrechtlich verfolgt.

Anders sieht es jedoch bei Gewalt gegen alte Menschen aus – ausgeübt von Pflegepersonal, aber auch von Angehörigen, von den Betroffenen, von der Umgebung (Nachbarn

Die Gewalt

Die Gewalt fängt nicht an
wenn einer einen erwürgt
Sie fängt an
wenn einer sagt:
»Ich liebe dich:
Du gehörst mir!«

Die Gewalt fängt nicht an
wenn Kranke getötet werden
Sie fängt an
wenn einer sagt:
»Du bist krank:
Du musst tun, was ich sage«

(Erich Fried, Auszug aus: *Die Gewalt.* Um Klarheit © Klaus Wagenbach, Berlin 1985, NA 1995.)

etc.). Aber auch von den Tätern selbst wird Gewalt häufig nicht als solche wahrgenommen und, wie früher gegen Kinder oder Frauen, immer noch als »Privatsache« bagatellisiert. Ein Grund: In langjährigen Beziehungen (Eltern-Kinder, Ehepaare) besteht oft eine Scheu, entwürdigende oder peinliche Zustände öffentlich zu machen. Und wer sich von seinen Kindern pflegen lässt, hat zudem häufig das Gefühl, in ihrer »Schuld« zu stehen und dankbar sein zu müssen.

Alarmierende Zahlen

Eine deutsche Studie mit 2600 Menschen über 60 Jahren kommt zu der Aussage, dass 3,4 Prozent der Befragten schon einmal körperliche Gewalt erlebt haben, 2,7 Prozent einer Vernachlässigung oder Medikamentenmissbrauch und 0,8 Prozent chronisch verbaler Aggression ausgesetzt waren. Eine Hochrechung ergab, dass in der Altersgruppe der 60- bis 75-Jährigen rund 340 000 Menschen mindestens einmal jährlich körperliche Gewalt erleiden.

Eine weitere deutsche Studie aus den Jahren 2004 und 2005 hat sich mit Vernachlässigungen und Misshandlungen von Bewohnern von Alten- und Altenpflegeheimen beschäftigt. Ein Großteil der Pflegekräfte gab hier an, überfordert und emotional erschöpft zu sein. Über 70 Prozent (!) gaben an, selbst gewalttätig gegen Bewohner gewesen zu sein, körperliche oder psychische Misshandlungen, pflegerische Vernachlässigungen oder Freiheitseinschränkungen begangen oder solche Handlungen bei Kollegen erlebt zu haben.

Formen von Gewalt	
Unmittelbare körperliche Gewalt	Schlagen, Schütteln, Kneifen, Anwendung körperlicher Zwangsmaßnahmen, mechanische Fixierung, Entzug von körperlichen Hilfsmitteln
Mittelbare körperliche Gewalt	unberechtigte Medikamentengabe, meist zur Ruhigstellung
Sexueller Missbrauch	Missachtung der individuellen Schamgrenzen, nicht einverständliche Intimkontakte etc.
Emotionale und psychische Gewalt	verbale Aggression, Missachtung oder Ignorierung, emotionale Kälte
Soziale Isolierung	Androhung körperlicher oder anderer Gewalt, Beschimpfungen, Demütigungen
Finanzielle und andere materielle Ausnutzung	unbefugte Verfügungen über das Vermögen alter Menschen, Überredung und Nötigung zu Geldgeschenken, Entwenden von Geld und vermögenswerten Gegenständen bis hin zur Erpressung von geldwerten Vorteilen
Vernachlässigung	Unterlassen von notwendigen Hilfen im Alltag, Nahrungs- und Flüssigkeitsentzug, Entstehung von Druckgeschwüren (Dekubitus) durch mangelhafte Pflege bei Bettlägerigkeit

(Quelle: Landespräventionsrat Nordrhein-Westfalen, www.lpr.nrw.de)

Mögliche Gewalt in Pflegesituationen

Aktivitäten des täglichen Lebens	Fehlverhalten in der Pflege (Beispiele)
Kommunikation	Über den Kopf des Patienten hinweg reden, schimpfen, ignorieren, nicht antworten, bevormunden, duzen
Bewegung	Fixieren oder gegen den Willen mobilisieren, falsche Hilfestellungen, unangemessenes Anfassen
Körperpflege	Körperpflege gegen den Willen, ruppiges Handeln bei der Pflege, zu kaltes oder zu heißes Wasser verwenden, unangemessene Berührungen im Intimbereich, unangemessen langes Belassen im unbekleideten Zustand
Ausscheidung	unnötige Katheterisierung oder nicht notwendiges Anlegen einer Windelhose, »liegen lassen« in Kot oder Urin, zu lange auf der Toilette warten lassen
Essen und Trinken	Einflößen von Essen und Trinken unter Zwang, zu rasches Füttern, Mahlzeiten vergessen, unnötiges Aufdrängen oder Vorenthalten von notwendigen Hilfsmitteln
Soziales Leben	Personen nicht wahrnehmen, Kontakte zu anderen unterbinden, Radio oder Fernseher ungefragt an- oder ausschalten

Aktivitäten des täglichen Lebens	Fehlverhalten in der Pflege (Beispiele)
Ruhe und Schlafen	Störungen im Tag-Nacht-Rhythmus, zu frühes Wecken und Waschen, medikamentöse Ruhigstellung ohne medizinische Indikation

(Quelle: Landespräventionsrat Nordrhein-Westfalen, www.lpr.nrw.de)

Wie kommt es zur Gewalt?

Ausgangspunkt ist, laut Landespräventionsrat NRW, fast immer Überlastung und eine damit verbundene Stresssituation. Gewalt kommt sowohl in Heimen wie auch zu Hause vor. Im privaten Bereich müssen Pflegende oft große Einschränkungen im täglichen Leben auf sich nehmen. Hinzu kommt eine mangelnde Anerkennung für die körperlich und seelisch schwere Arbeit seitens der Gesellschaft und des pflegebedürftigen Angehörigen.

Erschwerend sind außerdem eine unzureichende Vorbereitung auf die Pflegesituation (Wo lernt man schon die Pflege von Angehörigen?) und mangelnde Unterstützung von außen. Gegenseitige Abhängigkeit und ein Machtungleichgewicht prägen außerdem die Beziehung zwischen den Pflegenden und dem alten Angehörigen. Partnerschaften und Familien, in denen Gewalt ohnehin schon vorher ein Thema war, begünstigen Übergriffe. Auch Probleme der Pflegekraft wie Süchte, Krankheiten oder eine berufliche Unzufriedenheit können in den Ausbruch von Gewalt münden. In Institutionen wie Altenheimen führen die oft engen Zeitvorgaben für die Pflege und die daraus resultierenden Personalschlüssel zu Stress, Überlastung und damit am Ende eventuell auch zu Übergriffen.

Wie erkennt man Gewalt?

Dies ist schwierig, weil

- die Opfer von denen, die Gewalt ausüben, abhängig sind
- die Opfer, bedingt durch Krankheit oder Altersverwirrtheit, das Gewalterlebnis nicht äußern können
- in einer Familiensituation die Gewalt oft nicht öffentlich wird, da es keine Kontrollinstanzen gibt
- Betroffene die Gewalt teilweise sogar verdrängen, aus Angst vor neuer Gewalt oder aus Furcht, bei einer Offenbarung die gewohnte Umgebung verlassen zu müssen
- die Schamgrenze bei den Opfern sehr hoch ist.

Selbst für Pflegeprofis ist Gewalt deshalb nur schwer erkennbar. Hinzu kommt: Gerade bei alten Menschen sind äußere Gewalteinwirkungen kaum zu unterscheiden von den Symptomen, die durch verschiedene gesundheitliche Störungen hervorgerufen werden können. Dazu gehören laut Landespräventionsrat NRW:

- Knochenbrüche nach einem Sturz infolge von Schwindel
- Hämatome (Hautunterblutungen) bei leicht verletzbarer, dünner Altershaut
- Hauterkrankungen bei Durchblutungsstörungen
- Mangelernährung bei zusätzlichen krankheitsbedingten Schluckstörungen oder Magen-Darm-Erkrankungen.

Das führt nicht selten zu Unsicherheiten bei Ärzten oder Pflegenden. Sie haben Angst vor einer falschen Beurteilung, fürchten sich vor dem Aufruf zu einer möglicherweise unbegründeten »Hexenjagd« oder befürchten, sich selber zu belasten, zum Beispiel durch ein nachfolgendes Strafverfahren.

Wie erkenne ich eine potentielle Gefährdung?

Patient

- hohes Alter
- demenzielle Erkrankung (Altersverwirrtheit)
- schlechter Gesundheitszustand
- eingeschränkte Körperfunktionen
- Suchterkrankung
- soziale Isolation
- bestehende familiäre oder partnerschaftliche Konflikte
- enges Zusammenleben mit der Pflegekraft
- beengte Wohnverhältnisse
- Abhängigkeit zwischen Patient und Pflegekraft (emotional/finanziell)

Warnsignale

- wechselnde Arztkontakte (Arzt-Hopping),
- Versäumen von Arztterminen
- Patient wirkt verängstigt, scheu, zurückgezogen oder aggressiv
- unerklärliche Verletzungen oder Beschwerden, wiederholt und gleichartig

Pflegekraft

- Unerfahrenheit in der Pflege
- Suchterkrankung, andere körperliche oder geistige Erkrankung
- stärkere persönliche Belastungen (Beruf/Familie/Finanzen)
- Abhängigkeit zwischen Patient und Pflegekraft (emotional/finanziell)
- Gewalterfahrungen in der eigenen Lebensgeschichte, unter Umständen Gewalterleben durch die zu pflegende Person oder generell gewaltgeprägte Beziehung, Familienstruktur mit Fortführung der Gewalt auch im Alter

Warnsignale

- Patient wird beim Arztgespräch nicht alleine gelassen
- Pflegekraft wirkt im Kontakt gleichgültig oder verärgert

(Quelle: Landespräventionsrat Nordrhein-Westfalen, www.lpr.nrw.de)

Wichtig bei der Einordnung und Bewertung von Informationen:

- Das Wohl des alten, pflegebedürftigen Menschen ist der Maßstab für jedes Handeln
- Aktionismus und Übereifer sind zu vermeiden
- Informationen immer sorgfältig und kritisch prüfen

In anderen Ländern wie zum Beispiel in den Vereinigten Staaten hat man das Thema Gewalt in der Pflege längst ernst genommen. Hier gibt es die finanzielle Unterstützung zur Erforschung des Ursprungs und die Möglichkeit, dem entgegenzuwirken. In Japan gibt es sogar eine Professur »Gewalt in Institutionen«. Doch was tut sich in unserem Land?

Handeln statt Misshandeln: Prof. Dr. Rudi Hirsch, der Lobbyist der Alten

Der Bonner Geronto-Psychologe beschäftigt sich seit mehr als zehn Jahren ehrenamtlich mit dieser Thematik, verfasste mehrere Bücher dazu und gründete vor neun Jahren den Verein »Handeln statt Misshandeln«. Im Mai 2006 hatte ich Gelegenheit, ein Gespräch mit ihm zu führen.

? *Seit wann wird das Thema Gewalt gegen alte Menschen in Wissenschaft und Gesellschaft diskutiert?*

! Prof. Hirsch: Während sich Gesellschaft und Wissenschaft schon in den 60er und 70er Jahren intensiver um Kindes- und Frauenmisshandlungen gekümmert haben, so ist das Thema »Gewalt gegen alte Menschen« erst seit den 80er Jahren aktuell – und das auch von Land zu Land sehr unterschiedlich. Insbesondere seit der Untersuchung des Kriminologischen Forschungsinstituts Niedersachsen wird in Deutschland in der Wissenschaft das Thema Gewalt gegen ältere Menschen erforscht. Leider immer noch in sehr beschränktem Umfang.

? *Welche Erkenntnisse wurden bis heute gewonnen?*

! Ganz wichtig ist, dass es sich hier um ein gesellschaftliches Problem erster Ordnung handelt. Parallel dazu muss man den demographischen Wandel im Auge haben. Je mehr alte Menschen auf die Gesellschaft zukommen, um so mehr wird sich diese ohnehin schon dramatische Situation in der Zukunft verschärfen.

? *Gibt es dazu Untersuchungen?*

! Wenige, doch die sind alarmierend. Bei einer Untersuchung in 31 Münchner Alten-und Pflegeheimen aus dem Jahr 2002 (Klie & Pfundstein 2002) wurden bei 41,4 Prozent der Bewohner Fixierungen am Stuhl oder Bett festgestellt. Als Gründe für diese Maßnahme wurde am häufigsten »Sturzgefahr und Gehunsicherheit« genannt. Bei einer Untersuchung des MDK in Bayern von 1999 wurden bei knapp einem Drittel der Heimbewohner Pflegeschäden festgestellt. Bei weiteren Untersuchungen in 4000 Einrichtungen wurden in fast allen gravierende Mängel in der Dekubitusprophylaxe, Ernährung und Flüssigkeit, Inkontinenzversorgung und beim Umgang mit Medikamenten und freiheitseinschränkenden Maßnahmen festgestellt.

(Brüggemann 2000). Man kann davon ausgehen, dass die Dunkelziffer an Gewalttaten im häuslichen und stationären Bereich extrem hoch ist. Wir wissen, dass in Institutionen wie Krankenhäusern und Altenheimen das Grundgesetz Tag für Tag gebrochen wird.

? *Wo sehen Sie die Ursachen für diese Gewalttaten?*
! Jede Gewalthandlung ist mehrdimensional, sie hat oft eine Vorgeschichte und führt zu weiteren. So ist beispielsweise körperliche Gewalt oft gepaart mit psychischer Vernachlässigung und indirekter Isolation. Leider werden diese täglichen Gewalthandlungen von Pflegepersonal, Angehörigen und auch Ärzten oft als solche nicht wahrgenommen und somit bagatellisiert. Jeder guckt weg.

? *Wie kann man diesen Prozessen entgegenwirken?*
! Voraussetzung für Interventionen gegen Gewalt ist, diese zu erkennen und wahrzunehmen. Möglichkeiten zur Verringerung von Gewalt sind in der Familie meist im persönlichen Bereich möglich, in Institutionen überwiegend im strukturellen. Misshandlungen und Missstände schweigend zu akzeptieren bedeutet, dass diese häufig aufrechterhalten werden und eskalieren. Meist ist professionelle Hilfe erforderlich, um einen Weg aus der Gewalt zu finden. Selten reicht eine einmalige Intervention zur Behebung des Problems.

? *Was kann man Ihrer Meinung nach schon vorbeugend tun, um Gewalttaten zu verhindern?*
! Frühere Interventionen sind nur möglich, wenn man bei den ersten Anzeichen von Gewalthandlungen genauer hinsieht und bereit ist zu handeln. Drittpersonen müssen eingeschaltet werden. Gerade Hausärzte sehe ich da besonders in der Pflicht. In Heimen sind Team-Supervision, die Umgangsweisen der Vorgesetzten mit den Mitarbeitern,

die Eindeutigkeit der Arbeitsfelder, das Betriebsklima, die Art der Dienstvorschriften, die Philosophie und das dahinterstehende Menschenbild entscheidend. Besonders wichtig sind Aus-, Fort- und Weiterbildungsmaßnahmen zum Thema Gewalt für Pflegekräfte. Das Totschweigen beginnt übrigens schon in der Ausbildung: Nur wenige Lehrbücher der Altenpflege befassen sich überhaupt mit dieser Problematik.

? *An wen kann ich mich wenden, wenn ich mit Gewalt gegen alte Menschen konfrontiert bin und welche Hilfe kann ich erwarten?*

! Leider gibt es in Deutschland kein Gesetz gegen Altersdiskriminierung. Die möglichen staatlichen Kontrollinstanzen sind in der Regel mangelhaft personell ausgestattet und verfügen nicht immer über Fachkenntnisse. Gegenüber etwa 6000 Beratungsstellen für Kinder, Jugendliche, Partner und Familien gibt es in Deutschland nur etwa 45 Beratungsstellen für ältere Menschen. Alte Menschen klagen oft, dass es keine Möglichkeit zur Hilfe gibt und sie selten ernst genommen werden. Sie werden also in Deutschland leider kein flächendeckendes Beratungsnetz vorfinden.

? *Sie haben 1997 mit dem Verein Handeln statt Misshandeln diese Problematik erkannt und üben heute noch eine Vorreiterstellung in Deutschland aus. Welche Hilfen bieten Sie?*

! Wir haben zunächst eine Beratungsstelle in Bonn mit Notruftelefon eingerichtet. Schwerpunkt unserer Arbeit ist die Einzelfallhilfe. Meist folgen einem ersten Anruf eine Reihe von Beratungsgesprächen zu Hause und in Institutionen. Grundlegende Anliegen unseres Vereins sind die Altersdiskriminierung aktiv zu bekämpfen, die gewaltfördernden Rahmenbedingungen in der Pflege sachlich zu thematisieren und vorbeugend tätig zu werden.

? *Wie wird Ihr Hilfsangebot angenommen?*

! Wir haben seither mehr als 30 000 Anrufe über das Notruftelefon erhalten und mehr als 2000 intensive Beratungsgespräche geführt.

? *Können Sie mir ein Beispiel schildern?*

! Wir wurden von der Vertrauten einer Bewohnerin gebeten, aktiv zu werden. Sie hatte erfahren, dass die Heimleitung den rechtlichen Betreuer ihrer Bekannten gebeten hatte, die Einwilligung zum Legen einer Magensonde zu geben, und meinte, dass dies verhindert werden sollte. Sie teilte mit, dass die Frau noch imstande wäre, zu schlucken und zu kauen, dass dieses aber etwas Zeit benötigte. Von der Heimleitung wurde angeführt, dass die Pflegekräfte aufgrund des langsamen Essens der Bewohnerin das Anreichen der Mahlzeiten nicht leisten könnten. Hier konnten wir helfen!

? *In Vorbereitung auf dieses Gespräch las ich in der Zeitschrift »Altenpflege«, dass man Ihnen die Finanzierung der letzten hauptamtlichen Stelle nicht mehr verlängert hat. Welche Erklärung haben Sie hierfür?*

! Dass es unangenehm ist, sich mit diesen alltäglichen Missständen offen zu beschäftigen. Es fehlt einfach der Mut, mit dieser Problematik offen umzugehen. Dies reicht leider bis hin zur Politik. Aber solange wir diese Thematik ignorieren, werden wir keine Abhilfe schaffen. Wir werden auf jeden Fall weitermachen und versuchen, das Notruftelefon und die Beratungsstellen durch ehrenamtliche Mitarbeiter aufrecht zu halten.

? *Welche Entwicklung würden Sie sich wünschen?*

! Ich träume davon, dass sich diese Krisen- und Notruftelefone schneeballartig entwickeln und sich gegenseitig unterstützen. Diese müssten unabhängig von den staatlichen

Institutionen sein, aber mit deren finanzieller Unterstützung arbeiten. Ihre Erfahrungen können genutzt und dem Bedürfnis der einzelnen Region angepasst werden. Grundsätzlich ist es wichtig, dass bei Auftreten von Gewalt nicht nach Schuldigen gesucht, sondern Hilfe angeboten wird. Letztendlich ist jeder, der mit einer Gewaltsituation konfrontiert wird, mitverantwortlich: »Sehen – Hören – Einmischen – Handeln«. Dies bezieht sich auf Politiker, Juristen, Vertreter von Behörden, Verantwortliche der Kranken- und Pflegekassen, Ärzte und Pflegekräfte sowie Berufsgruppen, die in der Altenpflege tätig sind. Daneben sind auch Angehörige und Nachbarn aufgerufen, nicht wegzusehen.

Sicherlich ist es utopisch, ein gewaltfreies Leben für alte Menschen zu fordern in einer Welt, die gewalttätig ist. Dennoch kann sie verringert werden. Notwendig ist, etwas dagegen zu tun nach dem Motto des Sokrates: »Es ist besser, das kleinste Licht anzuzünden, als über die Finsternis zu schimpfen.«

Gewaltfreie Kommunikation

Nach dem aufrüttelnden Gespräch mit Prof. Dr. Rudi Hirsch über die tägliche Gewalt in Altenheimen begann ich, zum Thema Lösung von Konflikten zu recherchieren und stieß dabei schnell auf Mahatma Gandhi. Er hat beobachtet, dass Gewalt oder deren Androhung Probleme nicht lösen, Ungerechtigkeit und Unterdrückung nicht beseitigen zu können. Gandhi hat daher Methoden entwickelt, um gewaltfreie Konfliktlösungen zu erreichen. Für ihn galt das Prinzip:

»Die Grundbedeutung von Gewaltfreiheit ist das Festhalten an der Wahrheit und die Kraft der Wahrheit. Bei der

Anwendung von Gewaltfreiheit entdeckte ich schon sehr früh, dass die Wahrheitssuche es nicht erlaubt, dem Gegner Gewalt anzutun. Er muss vielmehr durch Geduld und Mitgefühl von seinem Irrtum abgebracht werden.«

(Quelle: Mahatma Gandhi Mein Leben, Hrsg. C.F. Andrews, Suhrkamp, Frankfurt am Main 1983)

Bei weiteren Recherchen über diesen ungewöhnlichen Mann stieß ich immer wieder auf den Begriff »Ahimsa«. Dieses Wort umfasst mehr als nur friedlichen Widerstand oder gewaltfreie Aktion. Es bezeichnet vielmehr eine Lebens- und Geisteshaltung, die grundsätzlich eine Schädigung und Verletzung von Lebewesen aller Art vermeidet. Dazu gehören nach Gandhi auch negative Gedanken, Lüge, Hass und übermäßige Eile. Durch Leidensfähigkeit, Geduld und andauerndes Bemühen lernt der Mensch mit sich selbst und anderen in Frieden zu leben. Daher gehören zur Gewaltfreiheit Mut, Entschlossenheit und Zivilcourage. Wesentliches Element einer Erziehung dazu ist unter anderem das Erlernen von Methoden der friedlichen Konfliktbearbeitung.

»Gewaltfreiheit kann und muss gelernt werden«

Diese Überlegungen Gandhis griff der amerikanische Psychologe Marshall B. Rosenberg auf und entwickelte das Konzept der Gewaltfreien Kommunikation (GFK). Im Jahr 1984 gründete er das Center for Nonviolent Communication in Sherman/Texas. Über sich selbst und die Ursprünge seiner Arbeit sagt er:

»Weil ich glaube, dass die Freude am einfühlsamen Geben und Nehmen unserem natürlichen Wesen entspricht, beschäftige ich mich schon viele Jahre meines Lebens mit zwei Fragen: Was geschieht genau, wenn wir die Verbindung zu unserer einfühlsamen Natur verlieren und uns schließlich gewalttätig und ausbeuterisch verhalten? Und umgekehrt, was macht es manchen Menschen möglich, selbst unter den schwierigsten Bedingungen mit ihrem einfühlsamen Wesen in Kontakt zu bleiben?

Ich begann, mich mit diesen Fragen in meiner Kindheit, während des Sommers 1943 zu beschäftigen, als unsere Familie nach Detroit, Michigan, umzog. In der zweiten Woche nach unserer Ankunft brach wegen eines Zwischenfalls in einem Park ein Rassenkrieg aus. Mehr als vierzig Menschen wurden in den nächsten Tagen getötet. Unser Viertel lag im Zentrum der Gewalt, und wir sperrten uns drei Tage lang zu Hause ein. Nachdem der Rassenkrawall zu Ende war und die Schule wieder anfing, entdeckte ich, dass ein Name genauso gefährlich sein kann wie eine Hautfarbe. Als der Lehrer bei der Anwesenheitskontrolle meinen Namen aufrief, starrten mich zwei Jungs an und zischten. ›Bist du ein ›kike‹?‹ Ich hatte dieses Wort noch nie gehört und wusste nicht, dass es eine abfällige Bezeichnung für Juden ist. Nach der Schule warteten die beiden auf mich. Sie warfen mich zu Boden, traten und verprügelten mich.«

(Quelle: Marshall B. Rosenberg: Gewaltfreie Kommunikation. Eine Sprache des Lebens, Paderborn: Junfermann, 6. Auflage 2006)

Altbekanntes neu entdecken

Marshall ist überzeugt, dass die Art und Weise unseres Sprechens eine entscheidende Rolle bei unserer Fähigkeit spielt, einfühlsam zu bleiben. Und er sagt selbst, dass sein Konzept eigentlich nichts Neues beinhalte: »Alles, was in die GFK integriert ist, ist schon seit Jahrhunderten bekannt. Es geht also darum, uns an etwas zu erinnern, was wir bereits kennen – nämlich daran, wie unsere zwischenmenschliche Kommunikation ursprünglich gedacht war.«

Seinen Anspruch fasst er kurz zusammen:

- Auflösung unserer alten Muster von Verteidigung, Rückzug und Angriff
- Reduzierung von Widerstand, Abwehr und gewalttätigen Reaktionen
- Förderung der Wertschätzung, Aufmerksamkeit und Einfühlung und des Wunsches, von Herzen zu geben
- Lenkung der Aufmerksamkeit in eine Richtung, in der die Wahrscheinlichkeit steigt, das zu bekommen, wonach wir suchen
- statt Diagnose und Verurteilungen nun die Entdeckung des Potentials unseres Einfühlungsvermögens durch die Klärung von Beobachtung, Gefühl und Bedürfnis.

Um diesen hohen Ansprüchen gerecht zu werden, hat Rosenberg sein Konzept der Gewaltfreien Kommunikation entwickelt und bietet seither seine Seminare überall in der Welt an. Ein gedanklicher Entwurf für Familien und Schulen, selbst auf Kriegsschauplätzen wie Israel, Palästina und Ruanda greift man auf diesen Psychologen zurück. Was liegt da näher, als diese Methode auch im »Krisengebiet« der Altenpflege anzuwenden?

Mit dem Leben tanzen

Rosenberg geht davon aus, dass die Form, in der wir miteinander kommunizieren, einen entscheidenden Einfluss darauf hat, ob wir Empathie für unser Gegenüber entwickeln und unsere Bedürfnisse erfüllen können. Er nennt dies »mit dem Leben tanzen«. Im Zentrum steht ein Miteinander, das nicht verurteilt, sondern auf die Bedürfnisse und Gefühle gerichtet ist, die hinter Handlungen und Konflikten stehen. Die GFK ist jedoch weniger als Kommunikationstechnik zu sehen, sondern als Bewusstwerdung über Möglichkeiten der empathischen Kommunikation. So reicht es dann nicht, das Grundmodell stur anzuwenden, sondern eine veränderte Einstellung zum Gegenüber ist notwendig, um die Kommunikation und das Wohlbefinden zu verbessern.

Als Pendant zur Gewaltfreien Kommunikation (»Giraffensprache«) betrachtet Rosenberg die Lebensentfremdende Kommunikation (»Wolfssprache«).

Die Lebensentfremdende Kommunikation

Darunter versteht er Formen der (Nicht)Verständigung, die langfristig zu Gewalt gegen uns selbst und andere beitragen – wobei keineswegs nur physische Übergriffe gemeint ist. Zudem vermindert sie auch die Empathie uns selbst und anderen gegenüber. Vor allem drei Elemente sind typisch für die Lebensentfremdende Kommunikation:

- Das (moralische) Urteilen oder Verurteilen von Leuten, die sich nicht in Übereinstimmung mit unseren Werten verhalten, ebenso das Diagnostizieren und Zuschreiben von Eigenschaften, wie die Menschen angeblich sind (gut, schlecht, schön, hässlich, normal, abnormal, selbstsüchtig, selbstlos, verantwortungsbewusst, -los, schlau, dumm, gesund, krank, fleißig, faul etc.)
- das Leugnen der Verantwortung für eigene Gefühle und Handlungen
- das Stellen von Forderungen.

Nach meiner Erfahrung findet in der Altenpflege in sehr vielen Situationen genau diese Lebensentfremdende Kommunikation im Sinne der Rosenberg-Theorie statt.

Hierzu nur ein Beispiel:
Ich sollte den 85-jährigen Rudolf K. um 6.30 Uhr wecken, um ihn zu waschen und anzuziehen. Er reagierte ungehalten und aggressiv, und ich war bereits mittendrin im Konflikt: Meine Aufgabe war es, den mir erteilten Auftrag in einer vorgegebenen, knappen Zeit durchzuführen. Sein Bedürfnis war es, länger schlafen zu können. Als ich dies der diensthabenden Schwester mitteilte, galt der Mann von diesem Zeitpunkt an als »Problemfall« und aggressiv. Unter Zwang wurde er weiterhin geweckt.

Dies war auf den ersten Blick die einfachste »Lösung«. Was dabei völlig außer Acht gelassen wurde, war die Frage nach den Wünschen und der Motivation von Herrn K.: *Warum* reagierte er so?

Wir machen uns über Menschen allzu leicht ein Bild aus der Art und Weise, wie sie sich uns gegenüber gerade verhalten. Durch ein Gefühl von Ärger, wie in diesem Fall, wird das Blickfeld noch weiter verengt und der andere auf seine negative Reaktion reduziert. Sein Verhalten wird als Ursache des Konflikts angesehen, analysiert, verurteilt und schließlich in die Schublade »schlecht, egoistisch oder böse« einsortiert. Doch damit ist eben keineswegs Ruhe im Karton! Je öfter dieses Spiel nämlich wiederholt wird, desto mehr ist jeder von der Richtigkeit seiner Einschätzung überzeugt und trifft dementsprechende Maßnahmen. Bis die Fronten ausweglos verhärtet und alle Beteiligten unglücklich sind. Die hinter den Handlungen liegenden Bedürfnisse werden selten wahrgenommen oder gar geäußert.

Rosenberg unterscheidet zwischen moralischen Urteilen und Werturteilen. Wenn wir nun ein Verhalten antreffen, das unserem Werturteil widerspricht, neigen wir dazu, die andere Person moralisch zu verurteilen. Er schlägt daher vor, das Werturteil zu verteidigen, ohne dabei zu *ver*urteilen. So kann das Verhalten von der Person getrennt werden.

Eine andere Form der Lebensentfremdenden Kommunikation sieht Rosenberg im Leugnen von Verantwortung. Dies gilt sowohl für Handlungen als auch für Gefühle. Wir können andere für unser Verhalten verantwortlich machen, aber auch gesellschaftliche Normen und Wertvorstellungen.

Und die dritte Form – fordern statt bitten – sieht Rosenberg als weitere Art der Kommunikation, die die Empathie zwischen Menschen verringert. Wie wichtig also die gewaltfreie Kommunikation für die Altenpflege ist, zeigt uns das Erlebnis mit Herrn K., das zum Alltag in der Pflege gehört und als selbstverständlich angesehen wird.

Vier Schritte zur Lösung von Konflikten

Die Theorien von Rosenberg führten mich zum Ursprung vieler Gewalttaten in Institutionen und bestätigten meine Aussagen, dass viel zu häufig über die Bedürfnisse der zu pflegenden Menschen, aber auch die der Pflegekräfte hinweggegangen wird. Doch bietet uns Rosenberg auch eine Lösung, indem er davon ausgeht, dass Menschen unter freien Bedingungen gerne geben und die empathische Verbindung zum Mitmenschen suchen. Die GFK soll helfen, sich ehrlich auszudrücken und empathisch zuzuhören. Empathie ist nach Rosenberg ohnehin eine Grundvoraussetzung gelingender Kommunikation und sie hilft auch, mit Menschen zu kommunizieren, die selbst nicht gewaltfrei kommunizieren oder aggressiv sind. Sie gibt dem anderen die Möglichkeit, sich zu verändern, ohne das Gesicht zu verlieren. Das Grundmodell kann uns also helfen, uns verständlich zu machen, aber auch genutzt werden, um die Aussagen anderer zu verstehen.

Die vier Schritte, auf denen Rosenbergs Aussagen beruhen, lassen sich verkürzt zusammenfassen unter:

Beobachtung – Gefühl – Bedürfnis – Bitte

Zuerst beschreiben wir eine konkrete Handlung, die wir beobachten und die unser Wohlbefinden beeinträchtigt. Hierbei ist es wichtig, tatsächlich nur die Beobachtung an sich zu äußern und sie nicht mit einer Bewertung zu vermischen. Für mein Erlebnis mit Herrn K. hieße das, dass er nicht so früh geweckt werden möchte. Die nächste Frage wäre also, wie oben bereits erwähnt: Warum?

Dann bringen wir unsere Gefühle mit dem in Verbindung, was wir beobachten. Wir erklären dem anderen, was wir dabei fühlen und können auch ihn dazu fragen. Ob wir nun bei unserem oder seinem Gefühl bleiben – beides hilft, um in einen empathischen Kontakt zu kommen. Auf Nachfrage bei dem Sohn von Herrn K. erfuhr ich, dass der 85-Jährige bis zu seinem 70. Lebensjahr eine eigene Gastwirtschaft führte. Sein Lebensrhythmus war durch seine Arbeit geprägt. Das bedeutet, er war es gewohnt, erst nachts um 2.00 Uhr ins Bett zu gehen und dementsprechend erst gegen 10.00 Uhr aufzustehen.

Nun betrachten wir im dritten Schritt die Bedürfnisse, Vorstellungen und Wünsche, aus denen Gefühle entstehen. Hinter bestimmten Emotionen stehen nach Rosenberg immer auch bestimmte Sehnsüchte. Vielleicht steht hinter dem Gefühl der Einsamkeit das Bedürfnis, beachtet und geliebt zu werden. Oftmals ist das aber nicht auf den ersten Blick erkennbar und bleibt uns selbst und anderen verborgen. Dann können wir uns ratend den Wünschen des anderen nähern. Gerade bei Handlungen oder Aussagen, die uns ärgern, hilft es, sich auf diese Weise behutsam an den anderen heranzutasten, um zu verstehen, was er oder sie möchte und sucht und was nicht.

Zum Schluss äußern wir eine konkrete Handlung, um die wir bitten sollten, »damit unser Leben reicher« wird. Um Bitten verständlich zu äußern, muss man sie mit den eigenen Bedürfnissen und Gefühlen in Verbindung bringen. Rosenberg schlägt vor, sie in einer »positiven Handlungssprache« zu formulieren. Zum einen bedeutet dies, nicht zu sagen, was jemand tun oder nicht tun sollte. Es geht darum, jemandem deutlich zu machen, was man sich von ihm erbittet. Ich hätte also die Bitte des Herrn K., ihn länger schlafen zu lassen, verstehen müssen, darauf eingehen und meinen Arbeitsablauf umstellen können. Somit wäre der Konflikt gelöst gewesen und Herr K. wäre niemals mit dem Stigma eines aggressiven alten Kranken belegt worden.

Auch wenn die Gewaltfreie Kommunikation sicher nicht alle Alltagsprobleme in der Pflege beheben kann, sollte sie meiner Meinung nach dennoch als fester Bestandteil in die Ausbildung von Pflegekräften integriert werden. Nicht zuletzt deshalb, weil ihnen dies helfen kann, die täglichen Belastungen erträglicher zu gestalten. Wer permanent mit Leiden, Krankheit, Demenz, Sterben und Tod zu tun hat, braucht eine stabile Basis und Unterstützung. Zu leicht kann die physische und psychische Balance dauerhaft beschädigt werden und einen Menschen an dieser wahren Herkulesaufgabe zerbrechen lassen.

Dies ist keine bloße Befürchtung mehr, sondern bittere Realität. Unter den zahlreichen erschütternden Briefen, die mich nach der Veröffentlichung von »Abgezockt und totgepflegt« erreichten, befanden sich auch einige, die ganz besonders tief unter die Haut gingen. Geschrieben von verzweifelten Müttern, deren Kinder in diesem Beruf tätig waren und als letzten Ausweg aus der psychischen Überlastung den Freitod wählten. Es sind fünf verschiedene Briefe, die von fünf unterschiedlichen Menschen und ihren ganz eigenen Schicksalen berichten.

Und doch erzählen alle die gleiche Geschichte, die alarmierend und ernst zu nehmen ist.

»Er wollte doch nur helfen ...«

Die Mutter des 24-jährigen Pflegers Martin Meyen kommt hier – auch stellvertretend für die anderen – zu Wort:

Nach seinem Zivildienst in einem Altenheim hat mein Sohn sich entschlossen, eine Ausbildung zum Altenpfleger zu machen. Er ist mit so viel Enthusiasmus in diesen Beruf hineingegangen. Martin hat geglaubt, man wird eine Bewunderung erfahren, wenn man einen solchen Beruf ausübt. In dem Heim, in dem er anfangs gearbeitet hat, konnte man das noch recht gut auffangen, da war der Personalmangel noch nicht so massiv. Und vor allen Dingen: Er durfte seinen Dienst relativ flexibel einteilen. So, dass er seinen Sport noch treiben konnte. Martin war Fußballer, ein recht guter sogar. Das war sein Ausgleich zu dem belastenden Beruf. Und er wäre aus dem Heim nie weggegangen, wenn ihm nicht gekündigt worden wäre. Er hat sich dann nach einem neuen Arbeitsplatz umgesehen. In einem Heim in Heilbronn hat er dann kurz ein paar Stunden Probe gearbeitet. Und irgendwie hat ihm das gut gefallen. Im Nachhinein wäre es wohl das bessere Heim gewesen. Aber es war alles so dunkel, hat er gesagt, und das hat ihn bedrückt. Das nächste Heim, in dem er dann schließlich anfing, hat ihn dadurch beeindruckt, dass alles so hell und neu war.

Im Oktober kam es dann zu einem Suizid eines Bewohners in der Nachtschicht. Nach den Angaben meines Sohnes war er in dieser Nacht alleine zuständig für rund 100 Personen auf vier Stationen.

Und er hat wohl gemerkt, dass der Mann rausgeht, aber da war er auch schon gesprungen. Der tragische Hintergrund: Seine Frau war in ein anderes Heim verlegt worden. Das hat der alte Mann offenbar nicht verkraftet. Der nächste Selbstmord im Heim ließ dann nicht lange auf sich warten. Der passierte zwar nicht in seiner Nachtschicht, aber in der Nachtschicht von einer Kollegin. Das war ein Bekannter von seiner Oma. Er brachte sich auf die gleiche Weise um wie der Mann zuvor.

Danach war mein Sohn irgendwie total verängstigt. Martin glaubte, das kann ihm jederzeit passieren. Er sagte immer wieder: »Mama, ich kann doch nicht auf alle Leute gucken.« Und: »Ich bin schuld, wenn wieder einer springt.«

Nach und nach kamen immer größere Missstände ans Tageslicht. Er erzählte mir, dass alle paar Tage im Heim jemand stürzt oder dass nachts das Warmwasser runtergedreht wurde, es gab dann nur kaltes Wasser. Das hat ihn sehr erbost, richtig gekocht hat er innerlich. Und er sagte mir dann noch, es darf nicht an die Öffentlichkeit kommen. Es wurde alles immer schön verheimlicht. Ich habe ihn stillschweigend immer bewundert, wie er diese extreme Belastung packt. Sicher hat man auch im privaten Kreis immer mal wieder jemand, der stirbt. So war es früher auch. Aber nicht alle paar Tage. Und dann musste er die Toten mit dem Aufzug runterfahren, wie er mir immer erzählt hat, selbst wenn er allein war.

Und jetzt kommt noch die quälende Frage dazu: Hätte Martin, wenn genügend Personal dagewesen wäre, vielleicht sogar noch länger leben können? Welche Verantwortung trage ich dabei?

Meinem Sohn wurde zwar Hilfe angeboten, aber ich weiß nicht, wie die Hilfe ausgesehen hätte. Er stand am Anfang sehr unter Schock, aber wir haben ihm immer ein Gespräch angeboten.

Schlimm war auch seine deutliche Veränderung: Vorher hat Martin ein richtig strahlendes Wesen gehabt. Wenn ich mir die Bilder zum Schluss angucke, hat er sich in der letzten Zeit vor seinem Tod äußerlich schon sehr stark verändert. Ich hab vermutet, dass irgendwas mit ihm nicht stimmt, aber ich wusste nicht was.

Es war an Weihnachten, da war er zu Besuch mit seiner Verlobten und da hab ich das erste Mal ganz deutlich bemerkt, dass irgendwas nicht in Ordnung war. Wir sind dann ein paar Tage später zum Essen in ein Lokal. Normalerweise war er immer so redselig, sprudelte fröhlich drauflos. Diesmal aber wirkte er fertig, irgendwie total down. Was ist denn los mit dir, hab ich gefragt. Aber er wollte nicht reden, er wollte nur heimgehen. Ich hab gefragt, ob er morgen Dienst hätte. Aber Martin sagte nein. Seine Verlobte wusste wohl schon, dass es ihm schlecht geht. Sie wollte mich aber schonen, mich nicht beunruhigen. Am 16. Januar kam er morgens aus der Nachtschicht und hatte einen totalen Nervenzusammenbruch. Seine Verlobte hat mich gleich angerufen. Der Hausarzt hat eine reaktive Depression festgestellt. Er bekam eine Überweisung zum Psychiater, das hat sich allerdings zwei Wochen hingezogen, bis er dann einen Termin gekriegt hat. Der Psychiater hat ihn dann wieder krankgeschrieben, und anschließend hatte er auch noch Urlaub, den musste er nehmen, der war schon geplant.

Vom Psychiater hat er Medikamente verschrieben gekriegt. Aber er hat sie nicht genommen. Das kam von seinem Beruf. Er meinte, er würde abhängig, weil er selber oft genug gesehen hat, was mit den alten Leuten wird, wenn sie die Dinger nehmen.

Ich konnte ihn überreden, dass er einen Heilpraktiker aufsuchen soll. Das hat er dann auch gemacht und der hat ihm auch Medikamente verschrieben, auf natürlicher Basis. Und dann hatte ich den Eindruck, dass es besser würde. Ich muss allerdings eines einflechten, dass mein Sohn seit über zehn Jahren einen Gesichtsschmerz hatte, der sich unter Stress dramatisch verstärkt hat.

Er hat dann im Internet über das Krankheitsbild recherchiert und herausgefunden, dass diese unerträglichen Schmerzen bis zum Suizid führen können …

Nach seinem Urlaub fühlte Martin sich wieder einigermaßen gut, er ließ sich nicht weiter krankschreiben. Wohl auch aus Pflichtbewusstsein. Er meinte, seine Kollegen müssen alles mitmachen und er hätte dann keine Ruhe daheim. Am 23. ist er wieder arbeiten gegangen. Am 25. hatte er Nachtschicht und ist ein zweites Mal total zusammengebrochen.

Ich hatte regelrecht Angst um ihn, auch, dass er sich etwas antun könnte. Von da an hab ich Martin nicht mehr allein gelassen, entweder bin ich zu ihm oder er ist zu mir gekommen. Aber die Psychose hatte schon eingesetzt. Er wollte nicht, dass jemand bemerkt, dass er zur Mutter fährt, und machte sich Sorgen, dass die Leute reden würden über seine Depression. Er hatte sich total abgekapselt.

Und dann bin ich mit zur Psychiaterin gegangen. Weil ich einfach endlich wissen wollte, was mit ihm ist. Die Ärztin war verwundert, dass eine Mutter mit ihrem 24-jährigen Sohn kommt. Sie ließ mich aber nicht mal zu Wort kommen, hat nur gefragt, was er beruflich macht, und ihm dann erneut Tabletten verschrieben. Das darf nicht wahr sein, sagte ich, er muss doch eingewiesen werden. Nein, sagte sie, wir sollten in 14 Tagen wiederkommen.

Zu dieser Zeit hatte Martin wohl schon eine ganz massive Psychose. So wie er vorher immer gestrahlt hat, war mein Sohn jetzt ein heulendes Elend. Er kann nicht rechtschreiben, hat er behauptet, oder es guckt jemand zum Fenster rein.

Seine Verlobte hat verschiedene Anlaufstellen angerufen, dass er einen Termin kriegt, beim Psychiater oder Psychotherapeuten, es war nichts zu machen. Keiner hatte kurzfristig einen Termin frei. Sie hat wirklich gekämpft.

Ich weiß noch, wie er mit seiner Verlobten ein paar Tage später nachts auf dem Balkon gesessen und diskutiert hat über die Altenpflege. Das schien ihm etwas Halt zu geben, er ging auch wieder zum Dienst. Ich dachte schon, jetzt hat er es wieder im Griff.

Nach der langen Zeit, die ich stetig für ihn da sein musste, hatte ich selbst viel Kraft gelassen und konnte mich nicht um meinen Lebensgefährten kümmern. So entschied ich nach langer Zeit, mit meinem Freund für eine Woche in die Schweiz zu fahren. Ich hatte zwar kaum Ruhe und telefonierte täglich mit Martin und seiner Verlobten. Doch alles schien in Ordnung. Er hat bestimmt gemerkt, wie sehr mich das Ganze mitgenommen hatte, und wollte mir nicht weiter zur Last fallen. Wir machten einen Tagesausflug in die Berge und ich war den ganzen Tag und in der darauf folgenden Nacht sehr unruhig. Irgendwie hatte ich im Gefühl, dass etwas nicht stimmte. Am Mittag des nächsten Tages erhielt ich dann den Anruf seiner Verlobten.

Sie hatte meinen Sohn im Flur meines Hauses erhängt gefunden. Er hatte sich ganz normal von ihr zum Frühdienst verabschiedet. Doch statt zur Arbeit fuhr Martin zu mir, ging noch in aller Ruhe duschen und erhängte sich dann im Flur. Für mich brach eine Welt zusammen. Seither fehlt mir und seiner Verlobten der Sinn im Leben. Ich hoffe nur für sie, dass sie irgendwann wieder einen Mann findet und ihr Leben weiterleben kann. Das hat sie sich verdient.

Was mir noch im Gedächtnis ist, ist die Aussage eines Kollegen bei der Beerdigung, der mich zur Seite nahm und sagte: »Wenn ich jetzt nicht aussteige, bin ich der Nächste, den ihr beerdigen könnt.« Diese Worte waren nochmal wie ein Stich ins Herz für mich.

Wenn die Seele leidet

»Helft mir«
Gelernt habe ich
der täglichen Stationsarbeit gerecht zu werden.
Nicht aber dem Kranken als Menschen.
Seht meine Hilflosigkeit
vor Schwerkranken und Sterbenden.
Hört,
wie ich Menschenwürde sage
und Persönlichkeitsachtung
und dann
Opa
und Du.
Aber ihr wisst schon selbst.
Hört, wie ich eure Phrasen gebrauche,
in Gesprächen mit Patienten.
Und seht
meine Unsicherheit vor ihnen
und meine Tarnungsversuche
hinter burschikosem Ton
oder hinter großer Geschäftigkeit.
Ich möchte mich nie an all das gewöhnen!
Helft mir!«

(Eine ehemalige Schwesternschülerin in:
Kay Blumenthal-Barby *Wenn ein Mensch stirbt …*, Verlag Volk und Gesundheit, Berlin 1986)

Hilfsangebote für Pflegekräfte

Die durchschnittliche Verweildauer im Beruf der Altenpflege beträgt nur zehn Jahre. Die Auswirkungen der täglichen seelischen Belastung sind deutlich zu spüren: Stress, Frust, Burnout-Syndrom. Hinzu kommen Haut-, Rücken-

und Atemwegserkrankungen. »Der Krankenstand ist um 20 Prozent höher als im Mittel aller Branchen«, sagt Prof. Dr. Stephan Brandenburg, Mitglied der Geschäftsführung der Berufsgenossenschaft für Gesundheitsdienst und Wohlfahrtspflege (BGW). Zwar gab es nach Einführung der Pflegeversicherung einen Beschäftigungsboom: Die Zahl der bei der BGW versicherten Altenpfleger stieg um 93 Prozent. Gleichzeitig nahm aber auch die Zahl der Meldungen des Verdachts auf eine Berufskrankheit um 120 Prozent zu. »Die 3040 Meldungen im Jahr 2004 entsprechen dem Personal von 125 Pflegeeinrichtungen«, so Prof. Brandenburg weiter.

Die BGW hat deshalb jetzt die Kampagne »Aufbruch Pflege« gegründet. Auf Bundes-, Landes- und lokaler Ebene schmiedet die BGW Aktionsbündnisse mit den wichtigsten Mitspielern: Sozialpolitiker, Verbände, Pflegeeinrichtungen, Sozialversicherungsträger und andere arbeiten hier gemeinsam an Lösungen. Dazu gibt es einen Branchenbericht, der die dramatische Situation mit Daten und Fakten fundiert. Zudem bietet die BGW Pflegeeinrichtungen unterstützende Programme an, wie beispielsweise Präventionsmöglichkeiten, Arbeitsorganisationsmodelle und Qualitätsmanagementsysteme.

Neue Studien zum Psycho-Stress

Über die psychischen Belastungen in der Altenpflege hat die Diplom-Psychologin Sabine Gregersen verschiedene Studien analysiert und in einer Broschüre zusammengefasst. Die darin enthaltenen Zahlen sprechen eine klare Sprache:

So zeigt eine AOK-Studie zu krankheitsbedingten Fehlzeiten in Altenpflegeberufen, dass der Krankenstand von 5,8

Prozent über dem Bundesdurchschnitt von 4,9 Prozent liegt. Ein Gesundheitsbericht von DAK und BGW kommt zu dem Ergebnis, dass die psychische und physische Gesundheit in der Altenpflege unter dem Bundesdurchschnitt liegt. Psychosomatische Beschwerden liegen sogar 44,3 Prozent über dem Durchschnitt.

Bei den psychischen Beschwerden wurden Burnout (emotionale Erschöpfung) und Arbeitsunzufriedenheit besonders häufig genannt. Verglichen mit einer Gruppe anderer sozialer, stressbelasteter Berufe wie Polizisten oder Lehrern liegt die ambulante Pflege in Sachen Burnout mit 29 Prozent 7 Prozentpunkte über dem Durchschnitt. Mit der Arbeit unzufrieden waren 23 Prozent der Befragten, 24 Prozent fühlten sich geistig unterfordert. Auch ein anfänglicher Optimismus in der Arbeit ist bei 23 Prozent verloren gegangen.

61,5 Prozent aller Altenpflegekräfte gaben an, zu wenig Zeit für die Patienten zu haben. Das führt fast automatisch zu Konflikten mit Bewohnern.

Rückenschmerzen und kaum Mitspracherecht

Bei den somatischen (körperlichen) Beschwerden gab fast die Hälfte der Befragten an, unter starken bis sehr starken Kreuzschmerzen zu leiden, ein Drittel leidet unter deutlichen Muskelschmerzen durch das tägliche Heben und Tragen der pflegebedürftigen alten Menschen.

Als belastend empfinden Pflegekräfte auch die zeitliche Gestaltung ihrer Arbeit. Schicht- und Nachtarbeit sind in der Altenpflege nicht zu vermeiden. Umso stressiger wird es, wenn Erholungszeiten zwischen den Schichten nicht eingehalten werden können. Vor allem Pflegeleitungen und examinierte Pflegekräfte müssen häufig länger arbeiten. 35,2 Prozent von ihnen machen mehr als zehn Überstunden im Monat.

Probleme gibt es auch bei Information und Mitsprache in den Einrichtungen. Fast 67 Prozent der befragten Pflegekräfte sagen, dass ihre Vorschläge von der Leitung kaum oder gar nicht berücksichtigt werden. Mehr als die Hälfte der Befragten fühlt sich zudem über wichtige Vorgänge im Betrieb nicht ausreichend informiert. Auch das Mitspracherecht bei den Dienstplänen ist in den meisten Einrichtungen eher gering.

Wenig Vertrauen zu Vorgesetzten

Als schwierig erweist sich in vielen Heimen auch das Verhältnis der Pflegekräfte zu den Vorgesetzten, beispielsweise zur Pflegedienstleitung (PDL). Fast die Hälfte der Studienteilnehmer (48,8 Prozent) gab an, sich gar nicht, wenig oder nur teilweise auf die Vorgesetzen verlassen zu können. In Bezug auf die Kollegen liegt der Wert bei 42,1 Prozent. Der Zusammenhalt der Abteilung wurde von 45 Prozent als eher negativ eingestuft. 39,2 Prozent gaben zudem an, weder Lob noch Anerkennung von ihren Vorgesetzten zu bekommen.

Weitere Probleme entstehen durch fehlende oder mangelhafte Qualifizierung und Weiterbildung. Eine Studie zur Sterbebegleitung zeigt, dass sich ein Fünftel der Beschäftigten in Pflegeheimen in Gegenwart eines Sterbenden hilflos fühlen. Fast 40 Prozent haben Angst, in dieser besonders sensiblen Situation nicht die richtigen Worte zu finden. Geschulte Mitarbeiter hingegen fühlen sich im Umgang mit Tod und Sterben nachweislich sicherer und nicht allein gelassen.

Innere Kündigung und Burnout

Ich sprach zu diesem Thema mit der Diplom-Psychologin Sabine Gregersen von der Berufsgenossenschaft für Gesundheitsdienst und Wohlfahrtspflege (BGW) in Hamburg.

? *Warum ist der Altenpflege-Beruf psychisch so belastend?*
! Sabine Gregersen: Zum einen ist da der ungeheure Zeitdruck, den viele Pflegekräfte sehr stark erleben. Außerdem sind immer weniger Pflegekräfte für immer mehr Bewohner zuständig. Und die sind heute oft in einem sehr hohen Alter, multimorbid und leiden zudem unter Demenz-Erkrankungen – bräuchten also eigentlich besondere Zuwendung. Für diese veränderten Anforderungen sind die Pflegekräfte nicht ausreichend qualifiziert, das führt schnell zu einer Überforderung. Auch das Gefühl, wenig Einfluss - beispielsweise auf die Dienstpläne – zu haben, sorgt oft für Frustration und mangelnde Identifikation mit der Arbeit.

? *Was sind die häufigsten psychischen Probleme?*
! Das Burnout-Syndrom steht in stationären Einrichtungen eindeutig an erster Stelle. Darunter versteht man eine chronische emotionale Erschöpfung, die sich in Müdigkeit, Schlafstörungen, aber auch starker Abneigung gegen den Beruf und die Bewohner äußert. Wer an Burnout leidet, hat eigentlich innerlich schon gekündigt.
Ein weiteres Problem sind Depressionen, die sich in starker Antriebslosigkeit, Müdigkeit, Interessenlosigkeit und Niedergeschlagensein äußern.

? *Und wie sieht es mit psychosomatischen Erkrankungen in dem Beruf aus?*
! Gerade Nacken- und Rückenschmerzen, aber auch müde matte Beine sind selten rein körperlich bedingt, auch wenn

der Beruf natürlich durch Heben und Tragen physisch sehr anstrengend ist. Doch wenn der Druck zunimmt, die Handlungsmöglichkeiten dagegen immer geringer werden, sind Verspannungen der Muskulatur nichts Ungewöhnliches.

? *Wann sollte man sich Hilfe von außen suchen?*
! Man sollte möglichst handeln, bevor die Grenze erreicht ist. Also bevor die Unzufriedenheit im Beruf chronisch wird und es keine Erholungsmöglichkeiten mehr gibt. Dazu muss man allerdings genau in sich hineinhorchen – eine Fähigkeit, die in einem Beruf, wo es häufig nur noch ums Funktionieren geht, schnell abhanden kommen kann …

? *Mitfühlen, mitleiden oder abstumpfen – wie geht man eigentlich richtig mit der Berufsbelastung um?*
! Die Altenpflege als Job zu sehen, halte ich für genauso kritisch wie die Tatsache, darin eine Berufung zu sehen. Für gesund halte ich es, darin einen Beruf zu sehen, den ich professionell und ernsthaft ausübe, bei dem ich Gefühle zulasse und zulassen darf, aber auch nach getaner Arbeit nach Hause gehen und abschalten kann, ohne ein schlechtes Gewissen zu haben.

? *Welchen Ausgleich kann man zu der beruflichen Belastung schaffen?*
! Möglichst keine zweiten Konfliktherde zu Hause schaffen, auch wenn das natürlich nicht immer gelingt. Wichtig ist auch zu erkennen, welcher Doppelbelastung man mit diesem anspruchsvollen Beruf und einer Familie ausgesetzt ist. Da sollte man gerade in Familien mit klassischem Rollenverständnis für Entlastung sorgen und Aufgaben an Mann oder Kinder delegieren. Wichtig sind auch Freizeitaktivitäten, die entspannen und Anerkennung schaffen. Ob das jetzt der Mal-Kurs, Wandern oder ein Kino-Besuch ist, ist natürlich sehr individuell.

? *Supervision, Entspannungsseminare seitens des Arbeitgebers – ist das sinnvoll und wird es von vielen Einrichtungen angeboten?*

! Das ist eher desillusionierend, für Supervision ist bei der Hamster-im-Laufrad-Situation in vielen Heimen erst recht kein Raum. Entspannungsseminare können hilfreich sein, sie dürfen aber keine Alibifunktion haben. Wenn das menschliche Miteinander in einer Einrichtung nicht stimmt, wird auch der Yoga-Kurs daran nichts ändern. Ganz im Gegenteil, die Mitarbeiter fühlen sich dann zu Recht überhaupt nicht ernst genommen.

Vom Saulus zum Paulus oder vom Chaos-Heim zum Vorzeige-Haus

Von der Bundesanstalt für Arbeitsschutz und Arbeitsmedizin »Branchenschwerpunkt Gesund Pflegen« erhielt ich im Dezember 2005 eine Einladung zu deren vierteljährlicher Tagung nach Aachen. Dort hielt ein Heimleiter einen beeindruckenden Vortrag, wie es ihm gelang, aus einem Haus mit massiven qualitativen und auch erheblichen wirtschaftlichen Problemen ein Vorzeigehaus zu machen. Besonders interessant war und sind der offene Umgang mit den bestehenden Problemen sowie die intensive Zusammenarbeit mit der AOK Rheinland und der Heimaufsicht.

Das Altenheim liegt hinter historischen Mauern und hat eine wechselvolle Geschichte, die Hoffnung macht. Durch einen großen Toreingang erreiche ich den Innenhof der Burg Setterich in Baesweiler bei Aachen. Bereits um 7.30 Uhr herrscht hier rege Betriebsamkeit, mehrere alte Menschen kommen mir entgegen. Die meisten begrüßen mich sehr herzlich. Ein Fahrdienst des DRK erwartet bereits eine gehbehinderte alte Dame, um sie zu einem Arztbesuch zu begleiten. Ich frage eine 50-Jährige mit einem Einkaufskorb: »Ist das hier jeden Morgen so lebendig?« Sie nickt und erzählt, dass sie hier fast täglich ehrenamtlich die Pflegekräfte unterstützt: »Dafür verbleibt den Pflegekräften leider zu wenig Zeit und Gespräche sind doch so wichtig.« Ich merke ihr die Freude an ihrer Arbeit an. Als ich in der Eingangshalle auf den Heimleiter warte, entdecke ich ein Schild an einer

Glastür: Büro für Bewohnerfragen. So etwas hatte ich in einem Heim noch nicht gesehen.

Doch so liberal ging es hier nicht immer zu. Noch bis Ende 2002 hatte das Heim unter der Trägerschaft der katholischen Kirche keinen guten Ruf. Hohe Fluktuation und ein Krankenstand von rund 20 Prozent, in Spitzen sogar bis 30 Prozent beim Personal waren eines der Hauptprobleme. Dies wiederum führte zu einer Unterversorgung der Bewohner – ein wahrer Teufelskreis, der nur schwerlich zu durchbrechen war. Die Heimaufsicht hatte bereits einen Aufnahmestopp erteilt, die Zukunft des Hauses war gefährdet. Erst durch Prüfergebnisse der Heimaufsicht bzw. des medizinischen Dienstes der Krankenkassen wurde dem Kirchenvorstand das Ausmaß der Situation bewusst. Eine Maßnahme zur Erneuerung des Hauses war die Neubesetzung der Stelle der Heimleitung. Die Wahl fiel auf einen engagierten Profi, der schon zuvor diverse Altenheime erfolgreich aus der Krise geholt hatte: Ulrich Zerressen.

? *Mit welcher Situation haben Sie sich 2002 konfrontiert gesehen, als Sie nach Baesweiler kamen?*
! Ulrich Zerressen: Ich kam in ein stark personell unterbesetztes Heim mit einer enorm hohen Krankenquote. Beides führte zu einer absoluten Überbelastung der Mitarbeiter. Ich fand hier ein komplett überfordertes Pflegepersonal vor. Viele Mitarbeiter hatten das Vertrauen ins Haus verloren hatte. Man setzte damals verstärkt auf Aushilfen. Das Wort ist im Jahre 2002 gestrichen worden, denn Aushilfen konnten hier eigentlich gar nicht mehr helfen. Zudem gab es zwei Arten von Mitarbeitern. Die Resignierten, die sagten: »Ich gehe nur noch zur Arbeit, um mein Geld zu bekommen, aber ich identifiziere mich nicht mehr mit den Inhalten«. Und dann waren da noch die nach wie vor Engagierten mit einer feinen Wahrnehmung für die Pro-

bleme des Hauses, die aber von diesen nicht mehr bewältigt werden konnten.

? *Was haben Sie getan, um das Heim aus der Misere zu holen?*

! Eine der ersten Maßnahmen war, hinzugehen und festzustellen, ob dieses Haus überhaupt noch eine Zukunft hat. Und wenn man schon dabei ist, etwas Neues zu machen, muss man auch ein Konzept haben. Allerdings kein Allzweck-Konzept, das im Schrank liegt, sondern wir haben ein für dieses Haus maßgeschneidertes Konzept entwickelt. Dafür brauchten wir externe Beratung und Hilfe – und zwar eine sehr pragmatische. Wir brauchten einen Berater, der auch bereit war, sich eine Pflegeuniform anzuziehen und das, was entwickelt worden ist, mit zu leben, vorzumachen, zu begleiten, zu schulen, und den Leuten auch rund um die Uhr zur Verfügung zu stehen.

Innerhalb von sechs Wochen haben wir dann mit der externen Beratung ein Pflege- und ein Hauswirtschaftskonzept entwickelt. Dann haben wir uns gefragt: Was brauchen wir an Personal, um dieses Konzept umzusetzen? Im Januar haben wir uns mit dem Caritasverband, der Heimaufsicht und der Pflegekasse zusammengesetzt.

Auf der Grundlage einer gemeinsam entwickelten und beschlossenen Vereinbarung haben wir uns bereit erklärt, alle sechs Wochen in Form eines Statusberichtes über unsere Arbeit zu reflektieren und diesen allen Beteiligten offenzulegen.

Darüber hinaus hatten Mitarbeiter der Heimaufsicht, der Pflegekasse sowie des Caritasverbandes die Möglichkeit, unser Haus ohne Anmeldung zu betreten und diesen Status zu überprüfen. Wir haben uns von vornherein darauf geeinigt, dass wir großen Wert darauf legen, nicht nur positive Veränderungen kundzutun, sondern auch und gerade die Dinge, die nicht funktionieren. Durch diese offene Kommunikation ist dann schnell Vertrauen entstanden.

? *Aber es fehlte noch eine Menge Personal …*
! Unser externer Pflegeberater wurde beauftragt, jeden Bewohner unseres Hauses hausintern in die Pflegestufen I, II oder III einzuordnen. Nach dieser internen Einstufung und dem daraus resultierenden Personalbedarf wurde durch unseren Vorstand beschlossen, unser Personal entsprechend sofort aufzustocken. Durch massive Akquise und auch Stellenausschreibungen haben wir unser Personal relativ kurzfristig aufstocken können. Gleichzeitig hat sich eine Mitarbeiterin des Hauses, die entsprechend geschult war, intensiv darum gekümmert, dass die von uns ermittelten Pflegeeinstufungen durch entsprechende Höherstufungsanträge bei der Pflegekasse umgesetzt werden konnten. Wir hatten in der Woche zwischen sieben und zehn Neueinstufungen. Dadurch konnten wir innerhalb von drei bis vier Monaten unsere Bewohner in die jeweils notwendige Pflegestufe eingestuft bekommen, so dass daraus resultierend das von uns bereits im Vorfeld eingestellte Personal wieder refinanziert war. So war zumindest die wirtschaftliche Seite weitgehend gesichert.

? *Welche Maßnahmen haben Sie eingeführt, um das Personal zu entlasten?*
! Wir hatten von Anfang an einen sehr guten Kontakt zur AOK. Zusammen mit der Pflegekasse haben wir mehrere Gesundheitsaktionstage durchgeführt und einen Gesundheitszirkel gegründet, in dem Mitarbeiter lernen konnten, besser mit den harten physischen und psychischen Belastungen umzugehen. Für die Pflegekräfte wurden Seminare zur Rückenschulung angeboten. Das alles verbunden mit dem Ziel, ein ganz anderes Bewusstsein und Verständnis für Gesundheit auf der Mitarbeiterseite zu schaffen.

Anfangs waren die Mitarbeiter noch skeptisch, dann haben sie gespürt, dass wir ihnen nichts Böses wollen, sondern dass unsere Maßnahmen darauf abzielen, Gesundheit zu fördern, die massive Krankenquote im Hause nachhaltig zu verringern und darüber hinaus ein Bewusstsein für Gesundheit bei allen Mitarbeitern des Hauses zu entwickeln. Durch das daraus entstandene »Wir-Gefühl« ging eine verbesserte Identifikation mit dem Beruf und dem Haus einher, was zu einer nachhaltigen Senkung der Krankenquote führte.

? *Bei Ihnen gibt es eine Krankheits-Ampel ...*

! Bei uns gibt es im Rahmen der Gesundheitsfürsorge ein Ampel-Modell, bei dem wir auf entsprechende Häufigkeit von Erkrankungen reagieren. Bei der grünen Phase ist eine einfache Reflexion mit der Maßgabe »Du warst krank – wie geht es dir?« angesagt, »Schön, dass du wieder da bist. Du kennst die Situation und auch die Frage ›Können wir etwas für dich tun?‹« Also auch die kritische Hinterfragung, was können wir machen, um Deine Krankheit zu vermeiden. Die Phase Gelb bedeutet, dass man innerhalb eines Quartals zweimal erkrankt ist. Neben den Inhalten der grünen Phase wird hier auch reflektiert, welche Auswirkungen Fehlzeiten haben, wie sehr Kollegen dadurch belastet werden, um das Bewusstsein seitens des erkrankten Mitarbeiters zu stärken.

Die rote Phase ist angesagt, wenn jemand mindestens dreimal im Quartal oder dreimal im halben Jahr erkrankt war. Hier ist zu überprüfen, ob die Grenze der Zumutbarkeit, auch aus wirtschaftlicher Sicht gesehen, erreicht ist. Dann wird ernsthaft geklärt, wozu solche Fehlzeiten führen können und auch in der Vergangenheit geführt haben, je nach Ergebnis des Rückkehrergespräches kann dieses auch zur Beendigung des Arbeitsverhältnisses führen, wenn die Zusammengehörigkeit, die Chemie und das Bewusstsein für den Beruf und die Einrichtung nicht stimmen.

? *Nicht jeder, der krank ist, macht aber auch wirklich blau …*

! Natürlich nicht, und da können wir auch gut unterscheiden. Wer ernsthaft krank ist, so zum Beispiel ein massives körperliches Leiden oder eine Krebserkrankung hat, bekommt natürlich uneingeschränkte Unterstützung. Wer länger als sechs Wochen erkrankt ist, wird nach terminlicher Abstimmung zu Hause besucht und wir setzen uns mit dem erkrankten Mitarbeiter alle 14 Tage in Verbindung, um wechselseitig auf dem Laufenden zu bleiben. Wir hatten eine Mitarbeiterin mit einer Krebserkrankung, die wir in ihrer fast zweijährigen Krankheit intensiv begleitet haben. Sie ist inzwischen wieder mit neuer Kraft ins Haus zurückgekehrt und sagt noch heute: »Das ist das, was ich mir von meinem Arbeitgeber gewünscht habe.«

? *Ein Teil der »Überschüsse« wird wieder in das Personal investiert. Was bieten Sie Ihren Mitarbeitern?*

! Seit 2003 gibt es einen Betrag zwischen 10 000 und 15 000 Euro, der dem Personal jährlich als freiwillige soziale Leistung für Betriebsausflüge zur Verfügung gestellt wird. Die Mitarbeiter waren damit schon in Barcelona oder Mailand, sehr beliebt ist auch ein Besuch auf der Schönheitsfarm in Monschau um die Ecke.

Ebenso beliebt ist unser jährliches Mitarbeiterfest im Frühjahr, das wir anstelle eines Weihnachtsfestes feiern. So können wir wenigstens mal Rock auflegen …

? *Die Arbeit in der Pflege ist sehr anstrengend – körperlich wie seelisch. Bei Ihnen gibt es einen Ausgleich dazu …*

! Wir vergeben pro Monat bis zu zehn Wellness-Gutscheine für eine Behandlung in einer Physiotherapie-Praxis. Die werden nach Wahrnehmung und nach Bedarf vergeben. Fünf fließen in die Pflege, drei in die Hauswirtschaft und zwei in die Verwaltung. 20 Minuten Wellness in Form einer Massage oder Gymnastik tun einfach gut. Zudem haben wir eine Work-Life-Balance-Fortbildung für unsere Mitarbeiter im Hause entwickelt, vornehmlich und schwerpunktmäßig für unsere weiblichen Mitarbeiter, die helfen soll, mit der Doppelbelastung Familie und Arbeit besser fertig zu werden.

? *Und all das wirkt sich auf die Bewohner und das ganze Haus positiv aus?*

! Ja, denn Mitarbeiter sind grundsätzlich das wichtigste Kapital. Wenn ich einen aus welchen Gründen auch immer missgelaunten Mitarbeiter habe, dann habe ich eventuell auch einen ebenso missgelaunten und ggf. auch ängstlichen Bewohner, weil die älteren Menschen durch ihre Abhängigkeit im Pflegeheim besonders emotional reagieren. Schlechte Stimmung bei den Mitarbeitern kann nicht für gute Stimmung bei den Bewohnern sorgen. Von daher ist das Stimmungsbild unter den Mitarbeitern bzw. im ganzen Haus ein wichtiger Parameter, der wöchentlich auf der Pflegefachkonferenz hinterfragt wird. Und es wird auch offen darüber gesprochen, wenn der Haussegen mal schief hängt, was nicht immer einfach ist. Dies gilt nicht nur für den Bereich der Pflege, sondern auch für die Bereiche Verwaltung, Hauswirtschaft und Betreuung. Des Weiteren hat darüber hinaus jeder Mitarbeiter ein Recht auf Supervision sowie Leitungskräfte zusätzlich ein Recht auf Coaching.

Wir wirken den Problemen mit sehr flachen Hierarchien entgegen. Jeder Mitarbeiter im Hause hat über die Mitarbeitervertretung die Möglichkeit, kritische Reflexionen bzw. Anmerkungen zu äußern ohne Angst haben zu müssen. Denn nur so kann man Veränderungen angehen und Falsches beheben.

Die Burg Setterich ist inzwischen zu einem Ort der Kommunikation zwischen alten Menschen und den Bewohnern des Dorfes geworden. So findet jedes zweite Jahr ein großes Burgfest mit Ritterspielen statt. Der jährliche Weihnachtsmarkt des Ortes findet auf dem Innenhof des Wohn- und Pflegeheimes statt, und bringt so zusätzliche Nähe zwischen der Bevölkerung und unseren Bewohnern. Vor einem Jahr hat man die kaum genutzte Caféteria zu einem offenen Restaurant umgebaut. Menschen aus der Umgebung kommen hier zu einem preisgünstigen guten Mittagessen mit den Bewohnern der Burg Setterich zusammen, verlieren auch die Scheu vor alten und pflegebedürftigen Menschen und entwickeln Nähe. Die Besuchsquote im Haus hat sich dadurch massiv erhöht. Und nicht nur alte, sondern auch viele junge Menschen nehmen dieses Angebot wahr. Das ist ebenso wichtig wie der regelmäßige Einsatz der rund 20 ehrenamtlichen Mitarbeiter. Das geht von Besorgungsfahrten über Spazierengehen bis hin zur Sterbebegleitung.

Der Betreuungsdienst des Hauses unterstützt durch den Pflegedienst und ehrenamtliche Mitarbeiter bieten Veranstaltungen an, beispielsweise eine viertägige Ferienfahrt an die holländische Nordsee für acht Bewohner oder eine Vielzahl weiterer Freizeitaktivitäten, die zuletzt auch dem über den normalen dienstlichen Rahmen hinaus gehenden ehrenamtlichen Anteil unserer Betreuung und Pflegekräfte zu verdanken ist.

Im Jahr 2005 hat das Wohn- und Pflegeheim Maria Hilf, Burg Setterich den »Best Practice Award« für das beste Projekt aus Arbeits- und Gesundheitsschutz gewonnen. Das Wohn- und Pflegeheim ist seither mehrfach von der Heimaufsicht sowie dem medizinischen Dienst der Krankenkassen überprüft worden und gehört zu den wenigen Einrichtungen, in denen es keine Beanstandungen gab.

Angehörige und ihre Suche nach der bestmöglichen Betreuung

Nach der Veröffentlichung meiner eigenen Erfahrungen über den Pflegealltag in unserem Land erhielt ich nahezu täglich auch Briefe von Menschen, die über die Missstände in der Versorgung ihrer pflegebedürftigen Angehörigen berichteten. Es sind erschütternde Dokumente über mangelnde Ernährung, Zwangsmedikation und -fixierungen bei den Pflegebedürftigen und Überbelastung durch Unterbesetzung beim Personal. Aus nahezu allen Zuschriften ging eine starke Verunsicherung hervor. Und fast alle waren mit der Bitte verbunden, ihre Namen niemals zu veröffentlichen. Die Angst, dass ihren Angehörigen noch mehr Unrecht angetan wird, ist groß.

Und dann wog sie plötzlich nur noch 38 Kilogramm …

Im März 2006 erreichte mich folgender Brief, der hier stellvertretend für die vielen anderen abgedruckt werden soll:

Sehr geehrter Herr Breitscheidel,
mit diesem Schreiben möchte ich Ihnen weiter Mut machen und Sie bestärken, das Tabu-Thema öffentlich zu machen. Als Betroffene kann ich mitreden und habe ganz bewusst registriert, welche Brisanz und Kontroverse dieses Thema

vor allem bei den Verantwortlichen und Pflegenden hervorruft.

Ich sage es ehrlich, ich habe mich aus Angst nicht geäußert.

Ihr Buch habe ich vor etwa drei Monaten gekauft und gelesen. Ich kann Ihnen bestimmte Sachverhalte nur bestätigen und stimme vor allem zu, was Selbstbestimmung und Achtung des alten Menschen als Persönlichkeit betrifft.

Als ich meine »Geschichte »im Alltag« erzählte, fand ich kein Verständnis, kein Ohr.

Bis zum Frühjahr 2003 lebte meine damals 88-jährige Mutter in ihrer eigenen Wohnung. Ich besuchte sie regelmäßig, wir machten gemeinsam Besorgungen und ich unterstützte sie, wo ich nur konnte.

Doch dann erlitt sie einen schweren Schlaganfall und war fortan linksseitig gelähmt. Mir war klar, dass sie nicht mehr in ihre Wohnung zurückkehren konnte. Ich war verzweifelt, denn ich lebte in der achten Etage eines Mietshauses ohne Fahrstuhl und auch mein gesundheitlicher Zustand ließ es nicht zu, die Pflege selbst zu übernehmen.

Der behandelnde Arzt riet mir, ein passendes Altenheim zu suchen, und ich fühlte mich furchtbar. Sollte ich meine Mutter, die mich mit viel Liebe großgezogen hat und immer für mich da war, tatsächlich in ein Heim abschieben?

Meine eigene Situation ließ leider keine andere Lösung zu und ich stand vor der Aufgabe, innerhalb weniger Tage einen passenden Platz zu finden. Ich suchte Rat bei den Pflegekassen und beim Sozialamt meiner Stadt, doch hier wollte oder konnte mir niemand Auskunft über ein gutes Heim geben. Also machte ich mich selbst auf den Weg und besuchte mehrere Heime in meiner Umgebung.

Doch wie sollte ich als Angehörige von außen beurteilen

können, ob in den Häusern eine gute Pflege für meine Mutter angeboten wird und sie sich dort wohlfühlt?

Nach einigen schlaflosen Nächten entschied ich mich für ein neu gebautes Haus eines privaten Heimunternehmers. Schon beim Besichtigungstermin war ich von der luxuriösen Bauart, den großen, hellen Einzelzimmern und einem schön angelegten Garten beeindruckt. Auch die hohen Unterbringungskosten beruhigten mein Gewissen, für meine Mutter alles in meiner Macht Stehende getan zu haben, um für sie eine würdige neue Heimat zu finden.

Meine Mutter zog ein und ich hoffte, endlich wieder ruhig schlafen zu können. In der Anfangszeit besuchte ich meine Mutter immer sonntags und hatte keine Beschwerden, denn sie war immer ordentlich gewaschen und angezogen. Nach einigen Wochen stellte ich jedoch fest, dass sie immer mehr an Gewicht verlor. Freundlich erkundigte ich mich bei der zuständigen Pflegekraft. Sie nahm sich überhaupt keine Zeit, rief mir nur im Vorbeilaufen zu: »Machen Sie sich keine Sorgen, mit Ihrer Mutter ist alles in Ordnung.« Doch es beunruhigte mich und ich konnte die nächsten Nächte nicht ruhig schlafen. So entschied ich mich, gleich am darauffolgenden Dienstag meine Mutter zu besuchen. Als ich gegen Mittag ihr Zimmer betrat, lag sie im Bett und hatte immer noch ihr Nachthemd an. Wieder sprach ich eine Pflegerin an, die mir sehr hektisch sagte, dass man bisher noch keine Zeit für die Pflege meiner Mutter hatte.

Ab diesem Zeitpunkt fuhr ich fast täglich zu meiner Mutter. Ich nahm auch immer etwas zu essen mit, da sie weiter an Gewicht verlor. Jeden Mittag half ich meiner Mutter und mittlerweile auch anderen Menschen beim Essen. Die wenigen Pflegekräfte waren vollkommen überlastet und es blieb ihnen kaum Zeit, die pflegebedürftigen Menschen zu versorgen.

Ich unterhielt mich auch mit anderen Angehörigen, die ähnlich unzufrieden und besorgt waren. In den darauffolgenden Wochen fiel meine Mutter mehrmals aus ihrem Bett und hatte große blaue Flecken. Es folgte ein Badeunfall, weil man meine Mutter einfach in der Wanne vergaß.

Ich versuchte, mit der Heimleiterin zu reden, doch die wiegelte nur ab und ließ keinerlei Kritik zu. So wendete ich mich an den Heimbeirat – leider auch ohne Erfolg. Kurze Zeit danach vergaß man meine Mutter auf der Terrasse und sie erlitt einen schweren Sonnenbrand. Ich unterhielt mich mit den Pflegekräften, die zum wiederholten Male von einer gefährlichen Unterbesetzung sprachen. Erneut versuchte ich bei der Heimleitung vorzusprechen, doch ich bekam keinen Termin. Es kam mir so vor, als ob mich die Leitung bewusst mied. Meine bloße Anwesenheit missfiel der Heimleitung offenbar, weil ich wirkliche »Peinlichkeiten« des Heimes beobachtete und erkennen konnte. Als ich sie auf dem Gang ansprach, sagte sie zu mir, ich würde das Personal verunsichern.

Ich ließ mich nicht verunsichern und arrangierte zusammen mit anderen Angehörigen eine Besprechung mit der Heimleitung.

Bei der Zusammenkunft warf sie mir dann tatsächlich Rufmord vor und drohte mit der Kündigung des Heimplatzes meiner Mutter.

Daraufhin versuchte ich die Angelegenheit über die Heimaufsicht zu klären, doch auch hier bekam ich keine Antwort bis auf einen Terminvorschlag zu einer Besprechung, die vereitelt wurde. Als ich wenige Wochen später die Heimleitung auf dem Gang traf, fauchte sie mich an und jagte mich auf die Straße. Ja, sie warf mich regelrecht aus dem Heim. Doch es kam noch schlimmer. Noch am gleichen Tag erhielt ich einen Brief von einem Rechtsanwalt, der mir offiziell mitteilte, dass ich das Heim meiner Mutter nicht mehr betreten darf. Es war kurz vor Weihnachten und ich wollte das nicht wahrhaben. Ich fuhr zu meiner Mutter. Als ich das Heim betrat, rief man die Polizei. Ich nahm mir selbst einen Rechtsanwalt, um dagegen vorzugehen. Gleichzeitig schrieb ich mehrere Briefe an das Regierungspräsidium, die bis heute unbeantwortet blieben.

Es begann ein Kampf um das Besuchsrecht bei meiner Mutter, der über 18 Monate andauerte. Eineinhalb lange Jahre, in denen ich meine Mutter nicht besuchen durfte. Selbst Anrufe wurden abgeblockt, man stellte mich einfach nicht durch oder legte auf.

Ich fühlte mich ohnmächtig. Niemand half. Nicht der MDK, nicht die Pflegekasse, nicht die Heimaufsicht, nicht das Gericht, nicht die Rechtsanwälte, nicht die Nachbarn, nicht die Bekannten und so weiter.

Die Klage wurde erst viel zu spät von meinem mit diesem Thema nicht vertrauten Rechtsanwalt eingereicht, weil er diese unglaubwürdige Geschichte wohl nicht für möglich hielt.

Erst nach knapp 18 Monaten wurde vor Gericht entschieden. Ein langer, harter Kampf war zu Ende mit folgendem Ergebnis:

Auf Antrag der Klägerin wäre das gegen sie verhängte Hausverbot aufzuheben gewesen. Der Klägerin stand gemäß § 1004 Abs. 1 BGB ein sogenannter quasi-negatorischer Beseitigungsanspruch auf Beseitigung des sie belastenden Hausverbots zu.

Die Kosten des Verfahrens tragen die Beklagten.

Kurz vor dem Gerichtsverfahren hatte die Heimleitung den Heimvertrag fristlos gekündigt und meine Mutter musste das Haus verlassen. Ihr gesetzlich bestimmter Betreuer suchte ein neues Heim.

Die ältere Generation, die vieles entbehren musste, die viel dazu beigetragen hat, dass es uns heute so gut geht, hat einen menschenwürdigeren und achtungsvolleren Umgang verdient. Die Sorge und Pflege der alten Menschen gehört in die Hände von aufrichtigen und liebevollen Menschen.

Ich habe das Gegenteil erlebt. Ich hoffe, dass ich hierdurch anderen Angehörigen, die in der gleichen Situation sind, Mut machen kann, sich zu wehren. Auch wenn ihnen ein langer Kampf bevorsteht.

Who is who

Heimbeirat

Gesetzlich geregelt im Heimgesetz. Zweck des Heimrechts ist es, die Interessen und Bedürfnisse der Heimbewohner und der Bewerber für die Aufnahme in ein Heim vor Beeinträchtigungen zu schützen. Um die Interessen der Bewohner gegenüber den Heimbetreibern zu vertreten, wird nach der Heimmitverwaltungsverordnung ein Heimbeirat, zusammengesetzt aus Bewohnern und Angehörigen, gewählt.

Heimaufsicht

Die Heime werden von der Heimaufsicht durch wiederkehrende oder anlassbezogene Prüfungen überwacht. Im erforderlichen Umfange können seitens der Behörden Anordnungen zur Behebung von festgestellten Mängeln getroffen werden. Angehörige können beobachtete Missstände hier melden. Die Heimaufsicht ist angehalten, dem dann auch nachzugehen und die Angaben zu überprüfen.

Medizinischer Dienst der Krankenkassen (MDK)
Der Medizinische Dienst der Krankenkassen (MDK) hat die Aufgabe, bei Krankheit die Art, Schwere, Dauer oder Häufigkeit festzustellen. Die Krankenkassen schalten ihn zur Begutachtung und Beratung ein, meist um die Pflegestufe zu bestimmen. Die Ärzte des MDK sind nur ihrem ärztlichen Gewissen unterworfen und nicht berechtigt, in die ärztliche Behandlung einzugreifen.

Heute schon an morgen denken

Seit 1999 beschäftige ich mich nun schon mit dem Thema der Betreuung alter, pflegebedürftiger Menschen in unserem Land. Meine größtenteils negativen Erfahrungen brachten mich mit 37 Jahren natürlich auch dazu, über mein eigenes Leben nachzudenken. Wie wird wohl mit mir umgegangen, falls ich pflegebedürftig werden sollte? Wie wird mein Ende aussehen? Werde ich unerträgliche Schmerzen haben oder nur noch vor mich hindämmern? Wie erhalte ich meine Selbstbestimmung, wenn ich nicht mehr entscheidungsfähig bin?

So schwer es auch ist, sich mit dem Ende des eigenen Lebens zu beschäftigen, so wichtig ist es doch – auch um seine Angelegenheiten rechtzeitig zu regeln. Aber was kann ich heute schon tun, um im Falle einer Pflegebedürftigkeit so behandelt zu werden, wie es meinen Vorstellungen und Wünschen entspricht?

Wir leben im Zeitalter des medizinischen Fortschritts. Spätestens mit der Erfindung der Magensonde gehört die Frage nach den Möglichkeiten eines würdigen Sterbens zu den härtesten und schwierigsten, der sich jeder von uns früher oder später stellen muss. Wann ist der richtige Zeitpunkt? Wie weit kann und will ich mein Ableben selbst bestimmen? Trägt die Umsetzung meiner Wünsche wirklich zu einer Verbesserung der Lebensqualität bei oder wird der Sterbeprozess hierdurch nur ebenso sinnlos verlängert, als wenn ich im Maschinenpark einer Intensivstation gefangen wäre? Wo möchte ich eigentlich die Augen das letzte Mal schließen? Zu Hause in meinem gewohnten Umfeld, umgeben von vertrauten Menschen oder doch lieber auch im Beisein von Ärzten, die bis zum Schluss alle lebensnotwendigen und schmerzlindernden Maßnahmen ergreifen?

So begann ich zu recherchieren, welche Möglichkeiten des selbstbestimmten Sterbens mir vom Gesetzgeber angeboten werden.

Das deutsche Recht kennt drei Möglichkeiten, Behandlungswünsche im Vorfeld einer schweren beziehungsweise tödlich verlaufenden Erkrankung vorwegzunehmen:

- die *Patientenverfügung* als Willensäußerung eines Menschen zur zukünftigen Behandlung im Fall der Äußerungsunfähigkeit,
- die *Vorsorgevollmacht,* mit der eine Person ihres Vertrauens mit der Wahrnehmung persönlicher Interessen beauftragt werden kann, und
- die *Betreuungsverfügung* als Anweisung für den Fall der gerichtlichen Betreuung.

Was ist eine Patientenverfügung?

Mit ihrer Hilfe ist es möglich, bereits jetzt die Anwendung von lebensverlängernden Maßnahmen und damit den Verlauf der letzten Lebensphase mitzubestimmen. Sie macht es möglich, Wünsche zu äußern, wie menschenwürdig und körperlich erträglich meine Vorstellungen von einer medizinischen Behandlung und qualifizierten Pflege sind. Falls ich also nicht mehr in der Lage sein sollte, selbst über medizinische Maßnahmen entscheiden zu können, ist die von mir verfasste Patientenverfügung für den behandelnden Mediziner als wichtige Entscheidungshilfe zu berücksichtigen. Ich kann nur empfehlen, diese Willenserklärung schriftlich niederzulegen. Das entsprechende Formular und Erläuterungen dazu finden Sie in der Broschüre »Christliche Patientenverfügung«, die von der Deutschen Bischofskonferenz und dem Rat der Evangelischen Kirche Deutschlands herausgegeben wird. Im Internet finden Sie diese unter www.ekd. de/patientenverfuegung/44664.html.

Nachdem der erste Schritt getan ist, tut sich nun für viele Menschen das nächste Problem auf: Kann ich mich auch darauf verlassen, dass der behandelnde Mediziner meine Wünsche akzeptiert?

Diese Frage lässt sich mit den »Grundsätzen zur ärztlichen Sterbebegleitung« beantworten, die die Bundesärztekammer 1998 verabschiedet hat. Darin hat sie sich ausdrücklich für eine Stärkung des Selbstbestimmungsrechtes von Patienten ausgesprochen und die Patientenverfügung anerkannt. Seit 1999 liegen außerdem von der Bundesärztekammer »Handreichungen für Ärzte zum Umgang mit Patientenverfügungen« vor, in denen ausgeführt wird, dass grundsätzlich »der in der Patientenverfügung geäußerte Wille des Patienten« gilt.

Doch noch einmal: Kann ich im Zeitalter des wirtschaftlichen Denkens und Entscheidens den zuständigen Ärzten wirklich trauen? In einer Studie über den Verbrauch von Medikamenten las ich, dass der Mensch in den letzten sechs Monaten seines Lebens im Durchschnitt zwei Drittel an pharmazeutischen Mitteln verbraucht. Das ist, nüchtern betrachtet, ein interessanter Markt, und jedem von uns ist bewusst, wie stark die politische Lobbyarbeit der Pharmaindustrie ist. Wie kann ich also verhindern, dass diese Unternehmen mit meinem Ableben noch ein Geschäft machen?

Der Gesetzgeber hat hierfür eine Vorsorgevollmacht entwickelt, die eine mir vertraute Person zur Vertretung meiner Interessen zu bevollmächtigt.

Was sind Vorsorgevollmacht und Betreuungsverfügung?

In der Broschüre »Christliche Patientenverfügung« ist zu lesen: »Das Betreuungsrecht des Bürgerlichen Gesetzbuches sieht in §§ 1904 Abs. 2 und 1906 Abs. 5 BGB eine Vorsorgevollmacht vor. Sie bietet die Möglichkeit, eine Person Ihres besonderen Vertrauens zu benennen, die die Aufgaben eines oder einer Bevollmächtigten übernehmen kann, falls das nötig wird. Die Patientenverfügung ist aber unabhängig davon gültig.«

Informationen zu den Aufgaben dieser Person, zu einer Ersatz-Bevollmächtigung und zur Betreuungsverfügung sind ebenfalls ausführlich auf der oben genannten Homepage zu finden.

Bitte beachten Sie, dass die Vorsorgevollmacht ausschließlich den *Gesundheitsbereich* betrifft!

Weitere Regelungen für private, geschäftliche und finanzielle Angelegenheiten bei Alter, Krankheit und Tod werden hierdurch nicht getroffen.

Aufgrund meiner Erfahrungen habe ich all diese Maßnahmen für mich bereits in Anspruch genommen. Ich sehe diese Entscheidung für mein eigenes Leben als wichtiger an als eine Lebens- oder Sterbeversicherung bei einem Versicherungsunternehmen abzuschließen. Erst jetzt bin ich mir sicher, alles in meiner Macht Stehende getan zu haben, um ein möglichst selbstbestimmtes Leben bis hin zum Tod führen zu können.

Wenn ich Ihnen – auch vor dem Hintergrund der zahlreichen Begegnungen auf Diskussionsveranstaltungen – einen Rat geben darf: Beantworten Sie für sich selbst und rechtzeitig diese wichtigen Fragen, auch wenn es ein schmerzvoller Prozess ist. Denn zum verantwortlichen Leben gehört auch das Bedenken des Todes und das Annehmen der eigenen Sterblichkeit.

»Das Dorf« in Adenau in der Eifel – ein Heim für altersverwirrte Menschen

Im Oktober 2005 lernte ich bei der SWR-Sendung »Nachtcafé« Waltraud Keuser kennen, die Initiatorin des Dementen-Heims »Das Dorf«.

Sie lud mich spontan in ihre besondere Einrichtung ein, und ich konnte eine echte Alternative zum alltäglichen Heimbetrieb kennen lernen.

In der Mitte steht eine Eiche. So, wie sich das für einen ordentlichen Dorfplatz gehört. Um ihn herum sitzen zwölf alte Menschen, jeder in seinem Lieblingssessel.

Heute morgen wird gekegelt. Die 82-jährige Gerda Bauer (Name geändert wie auch alle folgenden) nimmt die Plastikkugel in die Hand, zielt, wirft – und räumt alle bunten Kunststoffkegel auf einen Wurf ab. Zivi Christian jubelt, die Menge bleibt stumm. Martha Zimmermann, 75

Jahre alt, zupft ein wenig an ihrer Kittelschürze und spielt mit ihren Fingern. Die Frau neben ihr blickt ins Leere. Gerhard Hesse, zwei Jahre älter als Frau Zimmermann, steht plötzlich hektisch auf. Er muss seine Frau suchen gehen, die seit sieben Jahren tot ist.

Zum Abschluss gibt es ein Glas vom selbst aufgesetzten Obstlikör aus alten Kristallgläsern. »Prost«, ruft die 42-jährige Therapeutin Karin Fink. »Prost«, rufen die Alten zurück. »Rituale sind wichtig, sie geben den Menschen hier das Gefühl von Sicherheit und Geborgenheit«, weiß sie. »Diese Menschen sind allesamt demenzkrank, also altersverwirrt. Doch hier im Dorf sind sie keine Patienten oder gar Insassen, sondern ganz einfach ›Damen und Herren‹.«

»Das Dorf« liegt in dem kleinen Eifel-Ort Adenau direkt am Nürburgring. Im März 2002 wurde es als Wohn- und Lebensbereich für altersverwirrte Menschen auf dem Gelände des Seniorenzentrums Villa am Buttermarkt durch einen gemeinnützigen Träger mit dem Namen Projekt 3 gegründet.

Leben in einer *ver*-rückten Welt

Zwölf Mitarbeiterinnen und Mitarbeiter unterschiedlicher Qualifikation kümmern sich hier um 24 Bewohner.

»Unser vorrangiges Ziel ist es, altersverwirrten Menschen einen Raum anzubieten, in dem sie selbstbestimmt und in Würde leben können. Und keine institutionalisierte Heimatmosphäre. Denn verrückt bedeutet für uns lediglich eine von Zeit, Raum und Personen *ver*-rückte Welt«, sagt Projektleiterin und Sozialpädagogin Waltraud Keuser.

Selbstbestimmung wird hier wörtlich genommen. Die Dorf-Bewohner können morgens schlafen, solange sie möchten. »Wer allerdings sehr spät aufsteht, bekommt dann eben kein Frühstück mehr«, so Pflegedienstleiterin Birgit Maeurer (wirklicher Name).

Während Karin Fink noch die Kegel zusammenräumt, brutzeln in der Wohnküche nebenan schon die Schnitzel in der Pfanne. Es duftet nach angebräunten Zwiebeln. »Essen ist ein besonders wichtiges Ereignis im Tagesablauf unserer Bewohner. Denn es hilft bei der für Demenzkranke so wichtigen zeitlichen Orientierung, ist sinnliches Erleben, aber auch Geselligkeit«, so Waltraud Keuser. Gefüttert wird hier niemand, Breie sind verpönt. »Erbsen kommen auch als Erbsen auf den Teller. Die Konsistenz des Essens muss so sein, dass es mit den Händen greifbar und begreifbar wird«, sagt sie. Wer möchte, darf auch mit den Fingern essen – und zwar solange er will. Hier wird niemandem nach einer halben Stunde der Teller entrissen, weil die Pflegekräfte sonst ihr Tagespensum nicht schaffen würden.

Therapeutische Kartoffeln und nackt zu Tisch

Der Großteil der Mahlzeiten kommt täglich frisch aus der Hauptküche der Villa am Buttermarkt, ein Teil der Zubereitung wird je nach Tagesform von den Dorf-Bewohnern übernommen. »Kartoffeln werden jeden Tag geschält, das gehört für die Frauen der Kriegsgeneration einfach dazu. Wir nennen das immer ›unsere therapeutischen Kartoffeln‹«, ergänzt Birgit Maeurer. Und selbst, wenn die mittags mal nicht auf den Speiseplan passen, kommen sie spätestens zum Abendessen als Bratkartoffeln oder Kartoffelsalat auf den Tisch. Auch auf den veränderten Geschmackssinn von Demenzkranken wird eingegangen. »Altersverwirrte Menschen mögen süße Nahrungsmittel gerne«, weiß Waltraud Keuser. Und so greift man hier zu teilweise ungewöhnlichen Kombinationen, um den Bewohnern das Essen so schmackhaft wie möglich zu machen. Da ziert schon mal

Kartoffeln werden jeden Tag geschält – ein »therapeutisches« Ritual.

ein großer Tupfer süßer Sahne das Sauerkraut und aufs Käsebrötchen kommt ein dicker Klecks Marmelade.

Selbstbestimmung bei altersverwirrten Menschen bedeutet aber auch, dass der BH mal über der Bluse angezogen wird oder sich gelegentlich jemand nackt an den Esstisch setzt. »Solange die Gruppe das toleriert und der Bewohner sich dadurch nicht selber gefährdet, würden wir da nicht eingreifen«, meint Waltraud Keuser. Überhaupt ist Zwanglosigkeit ein wichtiges Gebot im Dorf. Zwar hat jeder Bewohner sein eigenes Zimmer. Geschlafen werden kann und darf aber überall. Ob im eigenen Bett, in dem eines anderen Bewohners oder einfach im Sessel in der Wohnküche. Und obwohl der unbedarfte Besucher aufgrund dieses Laissez-faire wohl am ehesten Chaos und Anarchie erwarten würde, herrschen im Dorf vor allem zwei Dinge: Ruhe und ein liebevoller Umgang.

»Wir gehen hier nicht, wie sonst in der Altenpflege üblich, mit der Schablone an unsere Arbeit heran und erwarten, dass sich die Bewohner unserem Konzept unterordnen. Sondern wir wissen, dass gerade bei verwirrten Menschen die Anforderungen und Bedürfnisse jeden Tag ganz neu sind und wir ganz individuell darauf reagieren müssen. Das entspannt Personal wie Bewohner gleichermaßen«, sagt Birgt Maeurer.

Da darf Zivi Christian ruhig für eine Stunde mit Frau Berger gedanklich auf Zeitreise in die Nachkriegszeit gehen, ohne dass ihn jemand schief anguckt, weil er angeblich mit seiner Arbeit nicht hinterherkommt. Denn genau das ist seine Arbeit. Wenn er nicht gerade den Teakholz-Tisch im schönen Garten deckt oder mit Herrn Zehrer zum dritten Mal an einem Vormittag auf die Suche nach dem verlegten Gebiss geht.

Einfühlung statt gnadenloser Ehrlichkeit

Auch die tiefe Trauer über den »gerade« verstorbenen Ehemann von Frau Bauer wird von Birgit Maeurer ernst genommen. »Dann gehen wir auch schon mal mit den Betroffenen auf ihr Zimmer und suchen etwas Passendes für die ›Beerdigung‹ aus dem Kleiderschrank aus«, so die Pflegerin. Unter Experten ist so etwas durchaus umstritten. »Es gibt auch die Meinung, dass man mit altersverwirrten Menschen immer ehrlich sein müsse. Aber was nützt es einer Frau, die in ihrer Welt ›real‹ um ihren Mann trauert, wenn ich ihr sage: ›Das bildest du dir doch nur ein, dein Mann ist doch schon lange tot.‹ Das macht die Frau in diesem Moment doch nur noch trauriger, hilfloser und verwirrter«, sagt Birgit Maeurer.

Stolz ist man in Adenau auch darauf, dass kaum ein Bewohner wegläuft – ein ebenso typisches wie großes Problem bei orientierungslosen, altersverwirrten Menschen. Waltraut Keuser meint: »Wer wegläuft, fühlt sich auch nicht wohl.«

Gesichert ist das Gelände deshalb auch nicht mit Zäunen, sondern mit einer halbhohen Hecke. Im vergangenen Jahr fand allerdings eine Bewohnerin ein Schlupfloch zwischen den Büschen und ging regelmäßig auf Entdeckungsreise hinunter ins Dorf. Waltraud Keuser erklärt: »Sie besuchte regelmäßig ein Ehepaar im Ort. Wenn sie weg war, wussten wir, wo wir suchen mussten.« Am Ende des Jahres bedankten sich die Pflegekräfte und die verwirrte alte Dame für die »Gastfreundschaft« des Ehepaares mit Kaffee, selbst gebackenem Kuchen und einem Blumenstrauß.

Rasanter Anstieg von Demenzerkrankungen

Es tat gut, diese zutiefst menschliche Altenbetreuung zu sehen und zu erleben. Vor allem, wenn man bedenkt, wie viele Menschen sie heute und in Zukunft lebensnotwendig brauchen. Der prozentuale Anteil der über 60-Jährigen an der Gesamtbevölkerung steigt von etwa 23 Prozent im Jahr 2000 über 28,5 Prozent im Jahr 2020 auf 35,8 Prozent im Jahr 2050. Im gleichen Zeitraum wird sich die Zahl der Demenzkranken in Deutschland voraussichtlich von derzeit mindestens 1 Million über knapp 1,4 Millionen im Jahr 2020 auf über 2 Millionen im Jahr 2050 erhöhen.

Doch ist das Altenheim, in welcher Form auch immer, wirklich der einzige Ort, an dem Pflegebedürftige versorgt werden können?

Interview mit Corinna Kronsteiner-Buschmann, Pflegewissenschaftlerin an der Universität Witten/Herdecke und Mitgründerin des Zukunftsinstituts Pflege e. V. in Castrop-Rauxel.

? *Deutschland vergreist. Gleichzeitig wird die Zahl der altersverwirrten Menschen in die Höhe schnellen. Was kommt da auf Angehörige und zu pflegende Menschen zu?*
! Corinna Kronsteiner-Buschmann: Die Wahrscheinlichkeit, an einer Demenz zu erkranken, steigt mit zunehmendem Alter. Von den knapp einer Million Bundesbürgern, die daran erkranken, leiden zur Zeit etwa 650 000 an einer mittelgradigen bis schweren Demenz. Etwa zwei Drittel dieser Menschen benötigen im Krankheitsverlauf eine so intensive Betreuung, dass sie nicht mehr in ihrer eigenen Wohnung leben können. Etwa weil sie sich selbst oder andere gefährden oder pflegende Angehörige die schwere Belastung einer Rund-um-die-Uhr Betreuung nicht mehr tragen können oder wollen.

? *Bei der Einführung der Pflegeversicherung 1995 wurde das Thema Altersdemenz kaum berücksichtigt. Die Anforderungen ans Pflegepersonal und auch die Unterbringung an Demenz erkrankter Menschen hat sich somit drastisch verändert. Wie kann man aus Ihrer Sicht auf diese Entwicklung reagieren?*
! Die Grenzen des bisherigen Versorgungssystems zeigen sich gerade hier besonders deutlich. Seit Einführung der Pflegeversicherung hat sich die Klientel der Alten- und Pflegeheime drastisch verändert. Nur noch ein geringer Teil der pflegebedürftigen Menschen entscheidet sich freiwillig, in eine stationäre Einrichtung zu ziehen. 60 Prozent der Bewohner von Alten- und Pflegeheimen sind dement. Ihnen

bieten diese Institutionen kein adäquates Versorgungs- und Betreuungskonzept an. Die baulichen Gegebenheiten (Vorbild Krankenhaus oder Hotel), die Größe der Pflegestationen (oft 30 bis 40 Bewohner) und die Tagesstruktur entsprechen nicht den Bedürfnissen demenzbetroffener Menschen. Pflegewissenschaftliche Untersuchungen belegen, dass solche Strukturen das Krankheitsbild und die dazugehörigen Verhaltensauffälligkeiten verstärken. Menschen mit einer Demenz fühlen sich dort in der Regel nicht zu Hause und reagieren zum Beispiel mit ständigem Rufen, Weglaufen, Aggressivität, Angst oder Rückzug.

? *Als Alternative zum Heim haben sich immer mehr Wohngemeinschaften gegründet. Wie sehen Sie diese Entwicklung?*

! Die ersten ambulant betreuten Pflege-WGs in Deutschland entstanden vor über 20 Jahren in Bielefeld. In Berlin gibt es sie seit etwa 15 Jahren und speziell für Menschen mit einer Demenz, wie zum Beispiel den Verein Freunde alter Menschen e. V. Auch in anderen Ländern wie Frankreich, USA, Niederlande bestehen Wohngemeinschafts-Projekte für diese Menschen bereits seit vielen Jahren.

Die Erfahrungen bestehender WGs belegen eindrücklich, wie sinnvoll dieser Ansatz ist. Es entsteht mehr Lebensqualität für die Betroffenen, erkennbar auch an einem höheren Aktivitätsniveau, niedrigerem Psychopharmaka-Verbrauch, weniger Unruhe (Weglaufenwollen), Angst und Aggressivität. Es gibt einen der Biografie entsprechenden Tag-Nacht-Rhythmus, mehr Zufriedenheit und weniger Schuldgefühle auf Seiten der Angehörigen und nicht zuletzt auch eine höhere Arbeitszufriedenheit und weniger Fluktuation bei den Pflegenden. Dies alles hat in Berlin und verschiedenen anderen Städten zu einer immer größeren Verbreitung von Pflege-Wohngemeinschaften geführt.

? *Das Lehrangebot in den Pflegewissenschaften ist in unserem Land recht spärlich und die Forschung steckt noch in den Kinderschuhen. Sie sind Absolventin der Universität für Pflegewissenschaften in Witten/Herdecke. Was haben Sie gelernt?*

! Das vorliegende Konzept stellt eine pflegewissenschaftlich begründete Weiterentwicklung des Ansatzes der Normalität und Betreuung in kleinen, familiären Wohngruppen dar: Auf der Grundlage neuerer Erkenntnisse wurde ein Konzept entwickelt, das Menschen mit Demenz ein Leben in Würde in einem häuslichen Umfeld bis zu ihrem Tode ermöglicht. Durch den stetigen Theorie-Praxis-Transfer wird eine dauerhafte Qualitätsentwicklung und deren Sicherung gewährleistet.

Der Verein »Zukunftsinstitut Pflege e.V.« (ZIP) strebt eine wissenschaftliche Kooperation mit dem Institut für Pflegewissenschaft der Universität Witten/Herdecke an.

? *Wo sehen Sie die Vorteile von Wohngemeinschaften gegenüber der traditionellen Unterbringung in Pflegeheimen?*

! Wohngemeinschaften schaffen so viel Normalität, Vertrautheit und Raum für selbstbestimmtes Handeln wie möglich, aber auch so viel Sicherheit wie nötig. Außerdem bieten sie eine hohe Beziehungsdichte und eine qualifizierte Betreuung. ZIP e.V. stellt dafür speziell geschulte Präsenzkräfte rund um die Uhr bereit.

Das Expertenteam des Vereins sorgt – vor während und nach der Gründung einer WG – durch Beratung und gezielte Qualifizierungsmaßnahmen für eine nachhaltige Qualitätsentwicklung.

? *Viele alte Menschen in Heimen fühlen sich abgeschoben und sehen die Einrichtung deshalb nie wirklich als ihr neues Zuhause an. Sehen Sie das Gegenteil bei Ihnen gewährleistet?*

! Jeder Mensch hat das Bedürfnis nach einem Zuhause. Gerade in unruhigen oder in Krisenzeiten ist es ganz wichtig, sich in seinen eigenen vier Wänden geschützt zu fühlen.

Ein demenzbetroffener Mensch befindet sich tagtäglich in einer emotionalen Krise und benötigt deshalb besonders dringend ein Zuhause, das ihn schützt. Da ein Leben in der bisherigen Wohnung mit zunehmender Demenz meistens irgendwann nicht mehr möglich ist, baut der Verein ZIP e. V. Wohngemeinschaften auf, die einen vertrauten und familiären Charakter haben. Durch die Eigenmöblierung der Wohnung findet jeder dort lebende Mensch vertraute Gegenstände und somit ein Stück seiner Lebensgeschichte wieder. Da jeder ein Einzelzimmer hat, bieten Wohngemeinschaften die Möglichkeit, sich zurückzuziehen oder sich als Teil der Gemeinschaft zu erleben.

? *Stichwort Gemeinschaft: Was genau ist darunter in einer Wohngemeinschaft für altersverwirrte Menschen zu verstehen?*

! Die Mehrheit der heute an Demenz leidenden Menschen hat ihr Leben in weiten Teilen damit verbracht, für andere zu sorgen. Entweder in der Rolle als Hausfrau und Mutter oder als Ernährer einer Familie. Manch einer hat auch beide Rollen gleichzeitig ausgeübt. Das Bedürfnis, sich selbst als ein sinnvolles Mitglied einer Gemeinschaft wahrzunehmen, hört auch bei fortschreitender Demenz nicht auf.

In einer Wohngemeinschaft nach den Prinzipien des Zukunftsinstituts Pflege e. V. ist es möglich, sich am Alltag zu beteiligen. Dies kann für jeden etwas anderes bedeuten: Eine Hausfrau hilft beim Spülen oder Kochen, ein alter Handwerker repariert ein defektes Fahrrad und vieles mehr. Dabei geht es nicht um effektive Ergebnisse, sondern darum, sich selbst als sinnvoll Handelnden zu erleben.

Selbst wenn schwerste körperliche Einschränkung eine aktive Teilnahme verhindert, bleibt die Möglichkeit, den Alltag mit allen Sinnen (Sehen, Hören, Riechen, etc.) als etwas Vertrautes wahrzunehmen.

? *Welche Kosten kommen auf den Bewohner zu und wo liegen die Unterschiede zur Heimunterbringung?*

! Bekanntlich variieren Mietpreise je nach Lage, Größe und Ausstattung. Dies gilt auch für die Wohngemeinschaften des ZIP e. V. Die Mietkosten für den Einzelnen ergeben sich aus der Größe des Einzelzimmers plus anteiliger Gemeinschaftsfläche. Häufig sind die Kosten für den einzelnen Mieter geringer als in der bisherigen Wohnung, da die Quadratmeterzahl pro Kopf niedriger ist.

Es ist so, dass wir den groben Rahmen schätzen können, wie hoch die Kosten ungefähr sind. Es ist aber nur ein Circa-Wert, denn der Aufwand wird vom Pflegedienst bestimmt. Damit haben wir nichts zu tun. Es kommt darauf an, welche Pflegestufe derjenige hat, wie hoch die Rente ist, und dann ist es natürlich auch eine Entscheidung für die Angehörigen zu sagen, WG oder Heim, das hat ja auch finanzielle Gründe. Denn die Pflegeversicherung finanziert immer noch Heime durch die Pflegestufe. In einigen Fällen sind es bis zu 600 Euro, die den Unterschied machen und die dann von den Angehörigen bezahlt werden müssen. Daran scheitert es meistens, wenn sie nicht in der Lage sind, die Differenz aufzubringen.

? *Die meisten demenzkranken Menschen sind nicht mehr in der Lage, über die Unterbringung selbst zu entscheiden. Meist tun dies Angehörige oder gesetzliche Betreuer. Wie binden Sie diese ein?*

! Im Rahmen der Beratung des Vereins werden die Angehörigen in ihrer schwierigen Situation von uns begleitet. Es wird geprüft, welche Hilfen die Betroffenen benötigen, und sie werden in allen Phasen des Gründungsprozesses einer neuen Wohngemeinschaft und darüber hinaus unterstützt.

Das ZIP-Team ist daher auch nach dem Einzug in regelmäßigem Kontakt und Austausch mit den Angehörigen und gesetzlichen Betreuern. Mehrmals im Jahr finden Treffen im Rahmen von Mieterversammlungen statt. Sie sind, soweit sie das wünschen, in den WG-Alltag und alle Entscheidungen integriert. So kann es zum Beispiel sein, dass eine Tochter ihrer Mutter weiterhin jeden Samstag beim Baden hilft, ein Sohn für die alten Menschen regelmäßig zum Getränkemarkt fährt oder Ähnliches. Die Angehörigen und die Bewohner entscheiden selbst, ob und wie sie ihr Familienleben vor dem Hintergrund ihrer gewachsenen Beziehungen in das Zusammenleben einer Wohngemeinschaft einbringen.

? *Seit 2000 ist die Qualität in der Pflege in aller Munde. Welche Maßstäbe setzen Sie?*

! Die Pflege und Betreuung in den Wohngemeinschaften wird von vor Ort etablierten ambulanten Pflegediensten übernommen. Das Konzept des Zukunftsinstituts Pflege e. V. stärkt damit die vorhandenen Versorgungsstrukturen. Zur Sicherstellung hoher Beziehungskontinuität empfiehlt der Verein nur solche Pflegedienste, die ein spezielles WG-Team für diese verantwortungsvolle Aufgabe zusammenstellen. Die Dienste gewährleisten eine auf den individuellen Pflegebedarf der WG-Mitglieder abgestimmte personelle Besetzung. Es wird nach Leistungskomplexen abgerechnet. Dabei ist der individuelle Hilfebedarf in der Regel so hoch, dass neben den Leistungen der Pflegeversicherung Eigenmittel aus Rente und Vermögen, beziehungsweise bei Bedarf Leistungen nach dem Bundessozialhilfegesetz (Hilfe zur Pflege) in Anspruch genommen werden müssen.

? *Wie gehen Sie auf die individuellen Bedürfnisse der zu pflegenden Menschen ein?*

! Menschen mit Demenz haben – wie wir alle – universelle menschliche Bedürfnisse und wollen als Person mit bestimmten Merkmalen und einer gewachsenen Persönlichkeit wahrgenommen werden.

Aufgrund ihres Alters, ihrer Erkrankungen und der Reaktion der Umwelt auf ihre veränderten Verhaltensweisen sind die Betroffenen immer weniger in der Lage, diese Bedürfnisse selbst zu befriedigen.

Ein Beispiel: die frühere Hausfrau, die daran verzweifelt, dass sie es nicht einmal mehr schafft, ihrem Sohn einen Kaffee zu kochen, wenn er sie besucht. Die Bewohner in den WGs werden dahin geführt, diese Einschränkungen zu erkennen und Ressourcen zu entdecken, die zur Befriedigung der wahrgenommenen Bedürfnisse beitragen können. So dass die oben genannte Frau bei kleinschrittiger Anleitung und Aufsicht durch die Pflegenden den Kaffee noch selbst zubereitet, und dabei fürsorgliche Gefühle für den Sohn empfinden kann. Dabei ist es wichtig, ihr nicht das Gefühl zu geben, sie könne dies nicht gut, und weder lobend noch kommentierend aufzutreten, wenn sie den Kaffee ihrem eintreffenden Sohn ganz selbstverständlich serviert. So, wie es immer war.

? *Gab es mal Probleme, dass ein Mensch nicht in diese WG gepasst hat und dass es von Angehörigen die Bitte gab, einen Menschen aus der WG zu nehmen?*

! Ja. Wir haben in einer WG in Gelsenkirchen eine Dame, die Jüdin ist und verfolgt wurde. Und da war es schon gut, dass die Familie gefragt hat: Geht das denn? Gehört die denn überhaupt hierher? Da haben wir mit den Angehörigen gesprochen, weil die Frau natürlich durch ihre Vergangenheit viel länger brauchte, um in so eine Wohnform hineinzuwachsen. Vorher wurde sie auch sehr engmaschig betreut. Sie hatte eine alte Dame für sich ganz allein in ihrer alten Wohnung, die sich den ganzen Tag um sie gekümmert hat. In der WG musste sie sich mit anderen Menschen auseinandersetzen. Dann ist sie weggelaufen, war durcheinander, ein Ausdruck der Demenz, und das war bei ihr deutlich zu sehen. Nach vielen aufbauenden Gesprächen und Beratungen ging das dann aber. Und nach einer Weile haben sich auch die anderen Mitbewohner ein Stück zusammengerauft. Die sozialen Dinge, welche Rolle wer einnimmt, wer ist für was zuständig, das ging dann. Das ist dann auch ein Grund, warum wir sagen, die Mitsprache bei Neueinzügen geht nur, wenn man lernt zu teilen. Es kann sein, dass irgendjemand kommt und sagt, die ist aber schwierig, die läuft immer wieder weg, es kann sein, dass die anderen sagen, das wollen wir nicht haben. Wir wissen, dass Menschen, wenn sie sozial eingebunden sind, nicht mehr weglaufen.

Aber im Moment ist der Andrang nicht so groß, dass wir sagen könnten, es bestehe die Möglichkeit, nach Interessen- oder Berufsgruppen zusammenzusetzen. In Holland gibt es eine Lehrer-WG, nur Pädagogen, die können eine Schulkonferenz abhalten.

»Noch heute mache ich mir Vorwürfe, nicht früher mit ihr zum Neurologen gegangen zu sein.« – Die Tochter einer Demenzkranken berichtet

Was kann ich über unsere Mutter erzählen?
Schon immer, so lange wie ich mich erinnern kann, hat sie körperlich hart gearbeitet. Aus ihren Erzählungen weiß ich, dass meine Mutter schon als junges Mädchen in den Trinkhallen ihrer Eltern sowie im Haushalt und im Garten sehr viel arbeiten musste.

Auch später in ihrer Ehe versorgte sie die Großeltern und kümmerte sich immer mehr um andere als um sich selbst.

Sie betreute zusätzlich ältere Menschen, putzte, kochte, ging einkaufen und pflegte sie auch, wenn es nötig war. Als mein Vater sehr früh starb, blieb sie mit meinem Bruder in ihrem Haus mit großem Garten wohnen. Sie pflanzte Kartoffeln, Möhren, Rüben an, pflückte das zahlreiche Obst und hatte Hühner, Kaninchen und zu guter Letzt auch noch einen Hund zu versorgen.

Jahrelang ging alles gut, bis sie etwa 65 Jahre war. Da fiel mir auf, dass sie sich veränderte. Seit etwa einem Jahr hatte sie die Betreuung der älteren Leute ganz aufgegeben. Die Arbeit wurde ihr sichtlich zu viel. Sie schaffte es vor allen Dingen nicht mehr, sich zu organisieren. Bis spät in die Nacht blieb sie auf, stand früh morgens wieder auf, um ihre alltäglichen Arbeiten zu schaffen. Immer öfter suchte sie irgendwelche Gegenstände, wusste nicht mehr, was sie zu erledigen hatte. Uns gegenüber suchte sie immer Ausflüchte, warum dies und das nicht ging.

Zu Anfang glaubte ich, dass sie nur übermüdet ist und Ruhe braucht. Doch bald schon war mir klar, dass dies nicht der Grund war. Sie verlor zusehends an Fähigkeiten und Fertigkeiten, wie zum Beispiel das Kuchenbacken oder Schreiben. Sie klagte immer öfter über Schwindel und innere Unruhe. Ein Neurologe, den ich hinzuzog, diagnostizierte eine Depression.

Als es immer schlimmer wurde, ließ ich sie ins Krankenhaus einweisen, die Diagnose war Morbus Alzheimer. Mit 66 Jahren. Wir schafften es noch fast vier Jahre, sie in ihrer gewohnten Umgebung zu Hause zu betreuen. Sie war medikamentös gut eingestellt, beschäftigte sich weiterhin mit viel Liebe in ihrem Garten, ging einkaufen, kochte und putzte. Doch sie brauchte immer mehr Hilfe bei all diesen Dingen. Sie war tagsüber immer allein, weil wir Kinder alle arbeiten gingen und unsere eigenen Familien zu versorgen hatten.

Mit der Zeit wusste meine Mutter dann nicht mehr, ob sie gegessen oder getrunken hatte. Ihre Kinder und Freunde erkannte sie an manchen Tagen nicht mehr. Sie bekam immer öfter Schwierigkeiten mit der Orientierung, sie wusste den Weg nach Hause nicht mehr und wenn sie dann da war, erkannte sie es nicht.

Anziehen und waschen wurden mehr und mehr zum Problem. Es musste etwas passieren. Erschwerend kam hinzu, dass ich in dieser Zeit an Brustkrebs erkrankte und mich nicht mehr in dem nötigen Ausmaß um meine Mutter kümmern konnte.

Wieder ließ ich sie ins Krankenhaus einweisen. Dort, in der gerontopsychiatrischen Klinik, kümmerten sich die Ärzte ganz fürsorglich und kompetent um meine Mutter.

Es wurde uns geraten, sie nicht mehr allein zu lassen. Also schaute ich mir mehrere Heime an. Es war schrecklich, was ich da sah: 32 Patienten auf drei Betreuer, keine persönliche Note, keine wirkliche Betreuung, sondern nur Befriedigen der Grundbedürfnisse (satt und sauber).

Meine Mutter war körperlich sehr fit und unter Anleitung und Betreuung gut in der Lage, mehr zu tun, als in der Ecke zu sitzen und zu warten, dass der Tag vergeht.

Ich überlegte mir ernsthaft, nachdem ich die Heime gesehen hatte, meine Mutter zu betreuen. Dies wäre jedoch aufgrund meiner eigenen Situation sehr schwierig geworden. Meine beiden Brüder hätten eine adäquate Versorgung aus beruflichen Gründen auch nicht gewährleisten können. Also was tun??

Wie durch einen Wink des Schicksals kam ein Mitarbeiter vom ZIP e. V. in die geriatrische Klinik und berichtete über ein ganz anderes Konzept in der Betreuung von dementen Patienten. Der Sozialdienst informierte mich umgehend mit dem Hinweis, »das ist genau das Richtige für Ihre Mutter«. Es leben dort maximal acht Bewohner in einer Wohngemeinschaft, tagsüber sind dort zwei Pflegekräfte, nachts eine. Die Bewohner verrichten alle Tätigkeiten unter Anleitung selber, wie zum Beispiel kochen, putzen, sogar gemeinsames Einkaufen findet statt. Jeder hat sein eigenes Zimmer, es können und sollen sogar eigene Möbel und Lebensgegenstände mitgebracht werden, um die Erinnerung an zu Hause zu erhalten.

Ich telefonierte noch am gleichen Tag, ließ mir das Konzept, die finanziellen Aspekte und die Wohnsituation erläutern.

Leider gab es so etwas nicht in der näheren Umgebung von Bochum, da sich hier kein geeigneter Wohnraum finden ließ. Leider, leider kann ich nur sagen.

In einer Wohngemeinschaft in Recklinghausen-Hochlarmark gab es noch ein freies Zimmer. Meine Brüder und ich kamen in diese Parterrewohnung, sahen eine große Terrasse, den Garten und das begrünte Umfeld. Die Bewohner begrüßten uns sehr herzlich, die Pflegekräfte zeigten uns bereitwillig die gesamte Wohnung. Die Zimmer waren schön, groß und hell, alles machte einen freundlichen Eindruck, da wussten wir, das ist genau das, was wir uns vorgestellt hatten. Wir richteten das Zimmer unserer Mutter mit ihren persönlichen Sachen ein. Platzierten im Gemeinschaftswohnraum ebenfalls noch Möbel aus ihrem Haus, wie Wohnzimmerschrank und Sessel, hängten ihre Lieblingsbilder an die Wand und sortierten ihre Wäsche, wie zu Hause, in ein Regal ein.

Meine Mutter zog direkt aus dem Krankenhaus dorthin.

Am Anfang war es sehr schwierig für sie, sich einzugewöhnen. Heute, also drei Monate später, hat sie sich mit der Situation abgefunden und will nur noch ab und zu wieder »nach Hause«. Doch was ist das in ihrer Erinnerung? Sie wusste es nicht, als sie noch in Bochum gewohnt hat und weiß es auch jetzt nicht.

Außer diesem Drang, nach Hause zu wollen, hat sich meine Mutter in der Wohngemeinschaft sehr gut eingefunden. Ihr geht es sichtlich gut. Sie hat durch das regelmäßige Essen und Trinken an Gewicht zugenommen. Das Wichtigste allerdings ist für sie das Gefühl, gebraucht zu werden. Sie hilft dort zum Beispiel einer Mitbewohnerin beim Gang zur Toilette, geht mit ihr stundenlang in der Wohnung und im Garten spazieren. Wenn die Mitbewohnerin weint, geht meine Mutter hin und tröstet sie. Das ist genau das, was sie früher auch gemacht hat. Meine Mutter hat einmal gesagt: »Seitdem ich mich nicht mehr um die älteren Menschen kümmere, bin ich im Kopf krank geworden.« Ob das so ist?

Auch die Sprache meiner Mutter ist deutlich besser geworden, da sie den ganzen Tag kommunizieren kann. Sie redet viel mehr als noch vor Wochen. Im Garten werkelt sie auch, fegt Blätter zusammen, zupft Blätter von den Blumen ab, putzt, geht mit den Schwestern einkaufen ...

Für vieles braucht sie Anleitung und Hilfe. Dafür sind die Pflegekräfte da. Dadurch werden vorhandene Fähigkeiten beibehalten und andere wiederum gefördert oder sogar, wenn alles gut läuft, wiedererweckt. Es wird neben den alltäglichen Arbeiten gemeinsam gesungen, erzählt und auch gestritten.

All dies tut meiner Mutter gut, obwohl es mit Sicherheit ihr Haus und ihre gewohnte Umgebung nicht ersetzt. Aber es ist tausendmal besser als jedes Heim, und ihre Versorgung ist bestimmt besser, als wir sie, als Familie, jemals hätten gewährleisten können. Die Großfamilie von früher gibt es und kann es in der heutigen Zeit leider nicht mehr geben.

Natürlich wird ihre Demenz fortschreiten, sie wird trotz dieser Versorgung keine Heilung erfahren, das ist uns klar. Wir, die Familie und ihre Freunde fahren oft in ihr neues Zuhause nach Recklinghausen und freuen uns jedes Mal, sie guter Dinge zu sehen.

Aber auch für uns als Familie ist es eine große Beruhigung, sie gut betreut zu wissen, denn die Sorgen waren schon enorm. Was kann nicht alles passieren!? Ein dementer Mensch weiß nicht, wie er sich aus einer bedrohlichen Situation retten soll, er beschwört sie sogar direkt herauf, wie fremde Leute ins Haus lassen, Herdplatten nicht ausschalten ...! Das Telefonieren ist verlernt, auf andere Ideen, Hilfe zu holen, kommt er nicht. Also was tun?

Die Frage beschäftigt einen Angehörigen ständig, Angst um die Mutter ist ein ständiger Begleiter. Die jetzige Lösung ist für alle Beteiligten das Optimale!

Pflege – neu definiert

Die Pflegewissenschaftlerin Frau Prof. Dr. Ruth Schröck, Edinburgh (GB) und Witten/Herdecke, hat einen Pflegekodex entwickelt, der jedem pflegenden Menschen als inneres Geländer dienen kann:
»Pflege ist eine helfende und unterstützende Tat, die primär darin besteht, dem kranken, alten oder behinderten Menschen bei seinen alltäglichen Aufgaben, die ein Erwachsener innerhalb seiner Kulturgesellschaft normalerweise selbstständig und unabhängig und in einer kompetenten Weise erfüllen kann, beizustehen.
Vermindert eine Krankheit die Kraft oder den Willen des Menschen, seine individuellen, psychisch-emotionalen, intellektuellen, spirituellen und sozialen Bedürfnisse zu befriedigen oder hat er nicht (oder nicht mehr) das notwendige Wissen dazu, ist es die Aufgabe von Pflegenden, ihm in entsprechender Weise beizustehen.
Das heißt, dass Pflegetätigkeit also etwas so Einfaches bedeuten kann wie jemandem ein Getränk zu reichen oder etwas so Kompliziertes wie einem Menschen zu helfen, das Vertrauen in seine Mitmenschen wiederzugewinnen.
Das Ziel der Pflege ist es, dem Einzelnen zur Wiedergesundung oder zu dem bei ihm höchstmöglichen Grad der Unabhängigkeit zu verhelfen. Ist dies nicht zu erreichen, besteht die Aufgabe darin, dem Menschen einen friedlichen und würdevollen Tod zu ermöglichen.
Das Pflegen ist die intimste Dienstleistung sowohl im physischen wie emotionalen Sinn, die ein Erwachsener von einem anderen Menschen annehmen kann.«

Der Staat und der Pflegenotstand

Reden und Handeln im Einklang? Was Politik, Gewerkschaften und Krankenkassen tun

Einer der prägendsten Sozialpolitiker Deutschlands, der oft gescholtene Norbert Blüm, setzte sich in den 90er Jahren für die Einführung einer Pflegeversicherung zur finanziellen Entlastung ein. Ziel war es, den pflegenden Angehörigen Mittel zur Verfügung zu stellen, um professionelle Kräfte hinzuziehen zu können. Es entstand ein flächendeckendes Angebot an mobilen Diensten.

Die bis dahin von Wohlfahrtsverbänden und staatlichen Organisationen geführten Altenheime wurden zunehmend privatisiert. Sie erhielten einen Großteil der finanziellen Mittel aus der Pflegeversicherung. Doch reicht dies wirklich aus, um die pflegedürftigen Menschen zu versorgen?

Die Entwicklung der Pflegeversicherung – Interview mit Norbert Blüm

Ich wollte wissen, wie der Erfinder der Pflegeversicherung die Entwicklung sieht, und nahm über Günter Wallraff Kontakt zu ihm auf.

? *Was waren die Ziele der damaligen Regierung unter Helmut Kohl bei der Einführung der Pflegeversicherung?*
! Norbert Blüm: Für die Einführung der Pflegeversicherung gab es keine einzige Demonstration, weil die Pflegebedürftigen nicht auf dem Marktplatz erscheinen konnten und die Angehörigen, die sie pflegen, auch keine Zeit hatten. Für die Pflegebedürftigen gab es keine Sprecher. Und es gab auch keinen sehr großen öffentlichen Druck. Wir hatten Jahrzehnte eine Debatte geführt, ob die Pflegeversicherung steuerfinanziert oder auch beitragsfinanziert werden soll. Ich war für den Beitrag, aus vielen Gründen. Das hat etwas mit dem Sozialstaat zu tun, zu dem auch solidarische Selbsthilfe gehört. Die steuerfinanzierte Sozialpolitik hat dagegen immer etwas vom Obrigkeitsstaat, der huldvoll Brotgaben zuweist. Und sie wäre in den jährlichen Verteilungskampf um die Haushaltsmittel einbezogen. Man müsste Jahr für Jahr rechnen, wie viel für Straßenbau, wie viel für Sicherheit, wie viel für Pflege ausgegeben wird. Die Pflegezahlung in Gemeinden, die viel Geld haben, wäre höher als in Gemeinden, die wenig Geld haben. Deswegen war ich für eine beitragsfinanzierte Pflegeversicherung.

? *Ich habe gelesen, dass die Hauptgründe der Einführung waren, dass über 80 Prozent der damaligen Heimbewohner Sozialhilfeempfänger waren und dass die ausgebildeten Pflegekräfte damals schon zu schlecht bezahlt wurden.*
! Das ist auch richtig. Und einen Teilerfolg hat die Pflegeversicherung ja. Die Zahl der Sozialhilfeempfänger in den Heimen ist gesunken. Sie steigt allerdings jetzt wieder, was auch nicht überraschend ist. Die Leistungen der Pflegeversicherung sind stehen geblieben, während natürlich die Kosten in den Heimen gestiegen sind. Also entsteht ein Abstand, und wenn man die Leistung nicht anpasst, wird dieser automatisch größer.

Im Pflegegesetz steht, dass die Leistungen angepasst werden sollen. Wenn man mehr Leistung haben will, dann muss man bereit sein, mehr Beiträge zu bezahlen. Ohne mehr Beiträge gibt es auch keine neuen Leistungen. Das ist der Unterschied zur Steuerfinanzierung, wo der was kriegt, der am meisten Druck macht. Wer neue Leistungen haben will, muss auch bereit sein, mehr als 1,7 Prozent für die Pflegeversicherung zu zahlen. Wenn die Gesellschaft sagt, 1,7 ist das Höchste, dann können wir auch nicht mehr Leistungen zahlen.

Ich hasse diese Inkonsequenz von Leuten. Jeder sagt, die mangelnde Betreuung von Demenzkranken ist ein Skandal. Aber wenn du dann sagst, zur Bezahlung werden die Lohnnebenkosten steigen, dann geht das natürlich nicht. Da muss man sich dazu bekennen, dass man für die Demenzkranken gar nichts übrig hat.

? *Was hat die Pflegeversicherung wirklich gebracht?*

! Zunächst einmal, dass die Pflege als ein besonderes, neues Thema der Gesellschaft wahrgenommen und nicht mehr verdrängt wird. Zweitens ist mit der Pflegeversicherung eine Infrastruktur von Diensten entstanden, die es vorher gar nicht gegeben hat, die ambulante Pflege. Die leisten sogar mehr, als die Pflegeversicherung bezahlt. Mit einer Privatversicherung hätten wir das nie geschafft. Da wäre der Pflegedienst in Städten entstanden, wo die Leute Geld haben, um eine Privatversicherung abzuschließen, und auf dem flachen Land wäre keiner da gewesen. Es ist aber flächendeckend eine Infrastruktur von Pflegediensten nötig. Was noch wichtiger ist: Wir sind aus diesem Schwarz-Weiß etwas herausgekommen, entweder allein daheim oder ab ins Heim. Es gibt jetzt flächendeckend Zwischenlösungen wie Tagespflege, Nachtpflege, teilstationäre Pflege. Ich glaube, die Pflegeversicherung war auch eine handfeste familienpolitische Unterstützung. Nämlich für die Familien, die einen Pflegebedürftigen haben. Die müssen immer noch viel leisten, haben aber jetzt eine bessere Unterstützung.

? *Immerhin werden in Deutschland ja zwei Drittel der Pflegebedürftigen zu Hause gepflegt.*
! Ich behaupte, ohne die Pflegeversicherung wären noch mehr Menschen im Heim. Weil die Angehörigen es nicht schaffen würden. Wenn jemand kommt und hilft beim Waschen, dann ist das ein Stück Entlastung. Angehörige können jetzt auch mal vier Wochen wegfahren und die Pflegeperson wird in dieser Zeit versorgt. Wichtig ist auch, dass man für die Zeit der Pflege einen Rentenanspruch erwirbt.

? *Seit der Pflegeversicherung sind die Heimunterbringungskosten enorm gestiegen. Sehen Sie da einen Zusammenhang?*
! Die Personalkosten sind ja auch gestiegen. Aber man muss auch achtgeben, die Betreiber der Heime sind Geschäftsleute. Und man kann immer mal wieder lesen, dass wieder einer über's Ohr gehauen wurde. Da wir es hier mit einer Klientel zu tun haben, die sich selber nicht wehren kann, muss eine Kontrolle organisiert sein. Da muss der sozialmedizinische Dienst noch stärker rangenommen werden. Ich halte deshalb so viel von denen, weil ich gerne Beratungen und Kontrolle in einer Hand habe. Einstufungen sollten nicht nur von den Medizinern vorgenommen werden, sondern die Pflege soll miteinbezogen werden. Das gilt natürlich auch für den Kontrollgang. Der muss nicht nur medizinisch gemacht werden, sondern auch mit Leuten, die die Tricks durchschauen. Da muss auch jemand mitgehen, der nicht nur weiß, wie Pflege geschrieben wird, sondern auch, wie sie gemacht wird.

? *Während ich in den Heimen tätig war, habe ich festgestellt, dass den Mitarbeitern der Heimaufsicht die Zeit fehlte, diese zu überprüfen. In zwei Stunden kann nun mal kein Heim mit 110 Bewohnern vernünftig unter die Lupe genommen werden. Außerdem war es zum Teil so, dass die Überprüfung vorher angemeldet wurde.*

! Das geht nicht. Wenn die Überprüfung angemeldet wird, kann man es auch gleich sein lassen. Ich bin dafür, dass man die Kontrollen ausbaut.

? *Bei den Kontrolleuren habe ich immer eine gewisse Naivität gespürt. Man hinterfragt gar nicht, ob die dokumentierten Leistungen tatsächlich erbracht wurden. Ich habe auf einer Station gearbeitet, wo das vorhandene Personal 44 Stunden geleistet hat. Aber die Heimleitung hat 75 Stunden abgerechnet. Ich habe viele Dienstpläne mit Namen von Mitarbeitern gesehen, die es gar nicht gibt. Jeder Arbeitnehmer ist sozialversichert, da lässt es sich überprüfen, ob er tatsächlich in diesem Heim beschäftigt ist oder nicht. Der MDK hätte die Möglichkeit, das zu kontrollieren.*

! Wir hatten bei der Einführung der Pflegeversicherung noch keine Erfahrung. Und deswegen mussten wir sehen, dass wir das Thema erst einmal einigermaßen im Griff hatten. Natürlich gibt es eine Menge Leute, die Pflegeheime als Geschäft nutzen. Und da nützt es nichts, viele Vorschriften zu machen, wenn das nicht auch kontrolliert wird.

? *In England ist es üblich, dass Kontrollberichte in den Heimen aufgehängt werden, um auch die Angehörigen darüber zu informieren, was in diesem Heim los ist. Ist das in Deutschland aus irgendwelchen Gründen nicht möglich?*

! Da wird gleich der Datenschutz kommen. Ich glaube, dass es Grenzen gibt; die Krankheiten von Leuten würde ich nicht gerne veröffentlichen. Ansonsten bin ich dafür, diese Berichte zu veröffentlichen. Dieses Zeugnis, das ein Pflegeheim kriegt, kann ruhig jeder lesen. Es ist eine Marktwirtschaft. Als Käufer muss ich mir doch ein Bild machen können über das Produkt, was ich kaufe. Informationstransparenz ist doch eine Bedingung der Marktwirtschaft.

? *Bei den Pflegekräften herrscht eine ungemeine Angst, den Arbeitsplatz zu verlieren, wenn sie über Missstände berichten.*

! Ich würde den Medizinischen Dienst mehr ins Spiel bringen. Wenn nur die Heimaufsicht kontrolliert, dann kann man leichter alles unter den Tisch kehren. Mit einem zweiten Kontrolleur geht es vielleicht besser. Der Medizinische Dienst ist psychologisch nicht so schwach. Immerhin zahlt die Pflegeversicherung dem Heim das Geld. Der Medizinische Dienst muss die Vergabe von Versorgungsverträgen auch von der Qualität der Pflege abhängig machen können. Das ist aber leicht gesagt, das kann man nur machen, wenn man genug Pflegeplätze hat. Wenn es immer mehr Pflegebedürftige gibt, aber nur 50 Plätze, dann wird es schwer.

? *Der Sozialverband Deutschland hat eine Erhebung in Alten- und Pflegeheimen gemacht, und danach sind in Deutschland 10 000 Menschen aufgrund von Vernachlässigung in Pflegeheimen zu Tode gekommen. In den Medien wurde das leider fast gar nicht aufgegriffen.*

! Man muss natürlich achtgeben, dass die Leute nicht in Angst und Schrecken versetzt werden, so als wäre es ihr Todesurteil, wenn sie in ein Heim müssen. Dieser Lebensabschnitt ist ohnehin mit Ängsten und Unsicherheit verbunden. Wenn man jetzt darstellt, jedes Pflegeheim sei eine Ansammlung von Verbrechern, dann sollte man sich mal in eine 80-Jährige versetzen, die im Heim lebt. Das ist ein gefährlicher Balanceakt. Man muss die Skandale aufdecken, aber man muss den Leuten ebenso sagen, dass es auch gute Heime gibt.

? *Bei der Einstellung von Pflegekräften ist nicht so sehr die soziale Kompetenz gefragt, um ein Gespräch vernünftig zu führen, sondern mehr die Pflegekraft, die schnell waschen kann. Bei Einstellungen wird man von der Pflegedienstleitung gefragt, wie viel schaffst du? Wenn du sagst, 12 bis 15 während einer Schicht, ist alles klar. Dann wird gar nicht mehr nach der Qualifikation gefragt. Ich denke, dass das eine falsche Entwicklung ist.*

! Um eine 80-Jährige zu füttern, braucht man keine sechs Semester Psychologie, da braucht man ein ruhiges und ein gutes Herz. Ich glaube, dass das Thema Pflege auch ein Thema für unseren Arbeitsmarkt ist. Es werden viele Arbeitsplätze wegfallen, die früher für ungelernte Leute waren. Es werden nicht alle am Computer arbeiten. Vielleicht ist ihre Begabung auf zwischenmenschlicher Ebene. Wer den Hauptschulabschluss nicht geschafft, aber eine hohe soziale Kompetenz und Intelligenz hat, könnte mit den alten Leuten schwätzen und sie füttern.

In erster Linie geht es darum, wie viel Zeit man als Pflegekraft hat. Wenn ich keine Zeit habe, dann kann ich auch nicht mit den Heimbewohnern reden. Man muss keine neuen Berufsbilder haben. Man muss nur wissen, hab ich fünf Minuten Zeit oder zehn Minuten, davon hängt alles ab. Da kann man Psychologie oder Kommunikationswissenschaften studiert haben – wenn man nur drei Minuten hat, dann nutzt das ganze Wissen nichts. Man braucht Zeit. Und man kann den Tagesablauf nicht nach dem Fließbandsystem gestalten.

Der Pflegebereich braucht mehr öffentliche Aufmerksamkeit, von Kirchen, Gewerkschaften, Sozialverbänden. Man sollte zusehen, dass die Beschäftigten anständige Arbeitszeiten haben und dass genug Leute da sind. Wenn das erfüllt ist, dann geht es ihnen gut und dann müssen sie sich nicht kaputt arbeiten.

Man muss die Pflegekräfte motivieren, das Image des

Berufes verbessern. Das kommt nämlich billiger als alle fünf Jahre neue Kräfte anlernen. Man muss den Ruf dieser Leute verbessern, sonst verschwinden sie. Oder sie überleben durch Verhärtung. Das ist ja auch eine Art von Überleben. Sie beschreiben das ja in aller Ausführlichkeit, die schaffen das nicht anders als mit Augen zu und durch. Das ist kein moralischer Defekt, das ist eine Art von Überlebenskampf, von Selbstschutz. Der muss die Augen zu machen, sonst geht der kaputt.

Pflege zu Hause – ein Interview aus der Praxis

In der Folge des Gesprächs mit Norbert Blüm entstand für mich die Frage: Wie kommen Menschen in diesem Land im täglichen Leben nun mit dem zurecht, was die Politik an Rahmenbedingungen geschaffen hat? Der nächste Schritt war also, seine Aussagen einem Praxistest zu unterziehen.

Da wäre zum Beispiel Ilse Biberti. Sie ist Fernsehregisseurin und Drehbuchautorin. Ihr größtes Projekt ist zur Zeit jedoch, ihre Eltern nach Schlaganfällen und altersverwirrt, zu Hause zu pflegen.

? *Die traditionellste Form der Altenpflege, bei der sich Kinder zu Hause bis zum Tod um ihre Eltern kümmern, ist selten geworden. Sie pflegen Ihre Eltern zu Hause. Warum haben Sie sich dafür entschieden?*

! Ilse Biberti: Unsere Familie hat dynamische Zeiten hinter sich: Ich bin mit 14 von zu Hause ausgezogen, es gab mehrmals lange Pausen zwischen meinem Vater und mir. Ab meinem 30. Lebensjahr waren diese Phasen beendet, doch war mein Tochter-Vater-Verhältnis noch geprägt von den Erfahrungen, Verletzungen und Wertvorstellungen meiner Kindheit.

Das eigene Erwachsenwerden beinhaltet für mich auch

den Frieden mit sich selbst zu finden, das bedingt auch einen Frieden mit seinen Eltern. Dies geht am Besten gemeinsam. Vom Ego zum Wir. Mein Vater hatte einen Schlaganfall. Ich unterbrach mein Nomadenleben, denn ich wollte nicht irgendwann an seinem Grab stehen und mit »alle Fragen offen« zurückbleiben.

Danach war nichts mehr wie vorher. Die Wege meiner Eltern verkürzten sich, sie brauchten zunehmend Unterstützung. Vor 13 Monaten hatte meine Mutter einen Schlaganfall. Zunächst wollte ich ihr nur in der Not bis zur Phase der Stabilisierung, beistehen, dann stellte sich bei meinem Vater Alzheimer heraus. Ich blieb. Inzwischen sind wir eine richtige Familie. Verbunden in Vertrauen, Zuverlässigkeit und Fröhlichkeit.

Von meinem 0. bis 11. Lebensjahr war ich viele Stunden täglich bei der Schwester meiner Großmutter im Altersheim. Dort hatte ich 80 Jahre ältere Spielkameraden. Oft wusste ich, wer als nächstes fehlen würde ... Ich liebte die Menschen und hasste das Heim, alle Missstände habe ich gesehen. Das würde ich meinen Eltern nicht zumuten wollen. Vielleicht wird ihr zukünftiger Zustand eine Heimunterbringung nötig machen ... Davor habe ich Angst, aber ich werde meinen Mut zusammennehmen und mich erneut auf die Suche nach einer Institution machen, die einen humanen Pflegezeitenschlüssel hat und meine ethischen Grundvoraussetzungen auch praktiziert.

Oder ich mache mein eigenes 4-Generationen-Haus auf.

? *Wo liegen die größten Schwierigkeiten bei der Pflege zu Hause?*

! Die größte Herausforderung ist, das Verhältnis Vater-Mutter-Tochter oder Mutter-Vater-Tochter nicht umzukehren. Die Hierarchie muss erhalten bleiben. Das Kind bleibt das Kind. Gleiche Augenhöhe: Ja. Aufgabenübernahme: Ja. Bevormundung: Nein! Natürlich kann ich jetzt vieles schneller und leichter machen als sie. Aber alles, was meine Eltern selbst können – in ihrem eigenen Tempo – muss unterstützt und erhalten werden. Ressourcen müssen herausgelockt werden. Ihre Individualität geschützt werden, auch wenn sie vielleicht meinen Überzeugungen nicht entspricht.

Die noch größere Herausforderung ist, mein eigenes Leben zu leben. Unterstützung: Ja. Aufgabe meines Lebens: Nein. Es geht um ein partnerschaftliches Verhältnis. Ich musste und muss lernen, ohne schlechtes Gewissen – in den Augen meiner Mutter viel interessantere – Unternehmungen zu machen als mit ihr. Meinen Vater in seiner Lebensangst auch mal anderen zu überlassen. Leben und leben lassen.

? *Sie sind ja sicherlich mittlerweile zu einer Expertin bezüglich der Pflege geworden.*

! Ja, in der Tat ich bin Expertin geworden. Ich begreife mich als Begleiterin und Beschützerin meiner Eltern. Zum einen garantiere ich ihnen eine stabile Versorgung, zum anderen bin ich ihr Seelenfreund. Das eine ist ein Altersmanagement: das Organisieren der Pflege durch den Pflegedienst und der verschiedenen Therapien wie Physiotherapie, Krankengymnastik, Ergotherapie oder Logopädie.

Dann sind da die Hausbesuche der Ärzte, Arztbesuche, Besorgungen von Medikamenten, Rezepten und Hilfsmitteln.

Und natürlich die Korrespondenz mit der Pflegeversicherung, die Unterhaltung durch Besuche von lieben Menschen.

Hinzu kommen Einkäufe, die Haushaltsführung, die Zubereitung der Mahlzeiten.

Das alles natürlich in einer 24-Stunden-Betreuung mit Inkontinenz-Hilfe oder Orientierungsanleitung für meinen Vater. Das andere ist, dass wir eine private Beziehung miteinander leben, eben eine Familie sind, in der es Themen und Auseinandersetzung gibt. Die Pflege und Versorgung darf nicht immer Thema sein! Ich bringe das Leben von außen zu meinen Eltern. Wir lachen oft und gern.

? *Wie haben Sie sich dieses Wissen angeeignet?*
! Obwohl meine Eltern 84 und 85 Jahre alt waren, kam der Zustand der Vollversorgung dennoch plötzlich und unerwartet. So paradox es klingt, auch wir haben das Thema immer wieder verschoben. Ich irgendwann ganz bewusst. Nur eine beschränkte Vorplanung ist möglich. Es kommt, wie es kommt, dann muss man der Situation entsprechend agieren.

Nicht versäumen sollte man die juristisch relevante Vorsorge: Bankvollmachten, Pflegevollmacht, Patientenverfügung, Testament. Das Wissen darüber habe ich aus und mit meinem Herzen empfangen, durch Beobachtung und Verstand, dann durch die Beratung im Krankenhaus und durch ein Buch: »ZDF WISO- Pflegeversicherung« von Thomas Kramer, durch das Internet. Außerdem durch fragen, fragen, fragen – und ausprobieren. Wirklich alle Betroffenen – Pflegebedürftige ebenso wie Verwandte und Freunde – müssen sich in dieser Situation erst zurechtfinden. Daraus entstand schließlich und mit Zustimmung meiner Eltern das Buch »Hilfe, meine Eltern sind alt!«, in dem ich genau von diesem Pflegealltag zu Hause erzähle.

? *Nehmen Sie zusätzliche Hilfe von außen in Anspruch? Wenn ja, in welcher Form?*
! Für die körperliche Pflege meiner Mutter kommt jeden Morgen dieDiakonie. Das Recht auf die Erhaltung der persönlichen Intimität ist enorm wichtig. Ein Stück Normalität, ein Zeichen der Freiheit. Da sollten Familienangehörige nur in Not vorübergehend helfen. Fürs Grobe haben wir eine Putzfrau und ab und zu lasse ich von der Diako-

nie das Mittagessen zubereiten. Wichtig ist, dass die Mahlzeiten gut und vor allem frisch sind.

Wünschen tue ich mir eine Haushälterin für den Vormittag und eine Hilfe für den Nachmittag und frühen Abend.

? *Haben Sie das Gefühl, dass die Regierung Angehörige, die ihre Eltern pflegen, unterstützt, oder fühlen Sie sich allein gelassen?*

! Danke für diese Frage. Das System der Pflegeversicherung geht an den Bedürfnissen der zu Pflegenden vollkommen vorbei. Auch die Pflegedienste sind dieser Auffassung.

Vor ein paar Jahren wurde das Abrechnungssystem von definierten Tätigkeiten auf Tätigkeits-Zeit-Module umgestellt. Ich kann für meine Mutter ein Modul namens »Erweiterte kleine Körperpflege« bestellen, das beinhaltet Hilfe beim Verlassen des Bettes, Teilwaschen inklusive Mund- und Zahnpflege, eincremen, Haare kämmen in einer Zeiteinheit von 20 Minuten. Dieses Modul kostet 12,36 Euro plus eine Einsatzpauschale von 2,61 Euro. Die »Große Körperpflege ohne Baden mit Duschen« kostet 18,54 Euro plus Einsatz und Frühstück für eine Person. Das Anreichen eines Getränkes erfüllt das Modul Frühstück.

Das wird keinem gerecht. Nicht der zu pflegenden Person, die von der Pflegerin in den Zeitrahmen gepresst werden muss, noch dem Pflegenden. Da ist kaum die Möglichkeit für ein individuelles Eingehen oder für ein liebenswürdiges Wort. Die Pflegerinnen rasen mit der Stoppuhr durch ihre schlecht bezahlte Schicht. Eine Abstumpfung oder Überlastung entsteht daraus zwangsläufig.

Wenn man die Pflege privat organisiert, bekommt man nur etwa 45 Prozent der Pflegestufen-Leistung ausbezahlt. Eine echte Katastrophe. Ich bin alleinstehend, habe keine Kinder und sorge auch allein für meine Eltern. Sie brauchen beide eine 24-Stunden-Vollversorgung. Das kann ich allein nicht leisten.

Ich habe eine Kombipflege, das heißt ein Teil des Pflegegeldes geht direkt von der Pflegeversicherung an die Pflegestation. Die Morgentoilette und das Frühstück sind damit abgedeckt. Dafür gehen ungefähr 800 Euro pro Monat drauf. Den Rest der Pflegeversicherung lasse ich mir auszahlen, eben diese 45 Prozent. Davon muss ich die Putzfrau und eine Aushilfe für mich bezahlen. Zusätzlich zu der Pflegeversicherung wenden wir etwa 800 bis 1400 Euro pro Monat auf. Positiv ist, dass die Pflegeversicherung für mich das Rentenminimum einzahlt.

Trotzdem bleibt mir ein »Dienst« von 14 bis 18 Stunden täglich und natürlich jedes Wochenende 23 Stunden und 30 Minuten. Ein liebendes Auge sieht mehr, sagt mein Vater. Meine Eltern in eine Pflegeinstitution zu geben könnte ich mir gar nicht leisten. Und meine Eltern beziehen beide eine Rente!

Ich habe mein Berufsleben stark eingeschränkt, was in meinem Alter von 48 Jahren und in der Film- und Fernsehbranche überaus gefährlich ist. Ich habe mein Privatleben nahezu aufgegeben. Meine Eltern werden sterben, wo bleibe ich? Ich investiere im Moment nicht in meine Zukunft, sondern in meine Eltern. Ich würde daher gerne den Damen und Herren Volksvertretern behilflich sein, das System kostengünstiger und bedürfnisgerechter zu gestalten. Ich weiß wie! Ich warte darauf, dass sich die 68er Generation ihrer Demonstrationsvergangenheit erinnert und wieder loslegt. Hier wäre ein Thema!

? *Die Pflege der eigenen Eltern ist sicherlich sehr belastend. Wie schaffen Sie sich Auszeiten, um die Batterien wieder aufzuladen?*

! Danke auch für diese Frage. In meinem Buch beschreibe ich die Entwicklung, die ich durchgemacht habe, bis ich gelernt hatte, dass auch *meine* Energien wieder aufgeladen werden müssen.

Mindestens alle drei Monate brauche ich eine Auszeit von einer Woche, besser wären 14 Tage. Doch es ist jedes Mal eine finanzielle Belastung und bedarf einer exakten Vorbereitung.

Außerdem mache ich eine begleitende Gesprächstherapie. Und versuche, mir Inseln zu schaffen, die nur mir gehören. Oft bin ich dann allerdings zu schlapp, um noch was zu unternehmen.

Ich bin immer wieder auf der Suche nach charakterschönen Menschen, die mich vertreten können. Mein Vater vergisst alles sofort und kann schlecht hören, meine Mutter noch nicht wieder verständlich sprechen, das fördert bei Menschen durchaus die schlechteste Seite ihres Charakters.

? *Sie sind beruflich sehr engagiert, wie schaffen Sie den Spagat zwischen einem anspruchsvollen Job und der Pflege Ihrer Eltern?*

! Meinen Hauptberuf als Regisseurin beim Fernsehen für Abendserien und Fernsehfilme habe ich, wie gesagt, unterbrochen. Meinen zweiten Beruf, Drehbücher zu schreiben, habe ich erweitert durch mein Buch, das unsere Erfahrungen von der Selbstständigkeit meiner Eltern bis hin zur Vollversorgung mit Humor beschreibt. Ich habe mit meinem Laptop am Esstisch mit meinen meist im Sessel gegenüber schlafenden oder mich beim Arbeiten eingehend betrachtenden Eltern geschrieben. Oder mit Ohropax im Ohr – beide können den Fernseher nur laut hören – und dem Laptop auf den Knien im Nebenzimmer.

Meine Eltern sind jetzt aus der akuten Krise heraus. Nun muss ich eine neue Situation kreieren: Elternunterstützung und mein Berufsleben parallel möglich machen.

Und ein bisschen eigenes Privatleben würde ich auch sehr begrüßen.

? *Werden Sie Ihre Eltern bis zum Tode zu Hause pflegen oder könnten Sie sich für die letzte Zeit auch die Unterbringung in einem Hospiz vorstellen?*

! Alles vor dem Sterben ist Leben. Und möchte gefeiert werden. Leben ist, wenn man trotzdem lacht. Ziel ist es, meinen Eltern ein lebenswertes, also fröhliches Leben, in dem Sorgen konstruktiv angegangen werden, zu ermöglichen. Ihre Selbstbestimmung, Selbstständigkeit ihren Fähigkeiten gemäß zu erhalten.

Ziel ist es, ihnen einen friedlichen Übergang, ihre persönliche Art des Sterbens zu ermöglichen. Wir werden jede Hilfe annehmen.

Jede Hilfe, die sie als Menschen ehrt. Und ich hoffe auch auf Hilfe. Auch ich werde sie in meiner Trauer benötigen. Wie geht es mit mir weiter nach dem Verlust meiner Eltern? Diese Frage muss ich mir vorher beantworten.

? *Wie reagiert die Umwelt auf Ihr Engagement?*

! Unterschiedlich. Wenige unterstützen uns, indem sie zum Beispiel nach einem Telefonat mit mir auch mit meiner Mutter kurz sprechen oder mich zu Hause bei meinen Eltern besuchen. Oder mir helfen, schwere Sachen in den dritten Stock hochzutragen. Wir haben keinen Fahrstuhl.

Meine Freunde fangen mich auf. Gehen mit mir aus, lassen mich teilhaben an ihrem Leben, laden mich ein. Erwarten nicht immer die eloquente, fröhliche Ilse. Viele bewundern mein Engagement, halten es für sich selbst jedoch nicht für möglich.

Einige wurden von unserem Beispiel ermuntert und widmen ihren Eltern mehr Zeit. Sie haben den Unterschied zwischen versorgen und miteinander etwas erleben durch uns erkannt.

Viele haben kein Verständnis, denken, dass ich vollkommen verrückt bin und mein Leben verplempere.

Bei denen, die mein Buch gelesen haben, setzt ein Wandel ein. Sie begreifen, dass das Alter ihrer Eltern auch für sie eine positive Herausforderung ist. Eine Bereicherung: Wunden können heilen, Frieden kann gefunden werden, egal wie turbulent die Vergangenheit war. Fragen können gestellt werden und – noch wichtiger – sie können noch eine Antwort erfahren.

Ein gemeinsames Vertrauen leben, zusammen lachen und das Leben genießen, dazu ist es da, egal wie eingeschränkt die Möglichkeiten dazu sind. Und wenn es ein Drücken der Hand ist – es kommt an.

Pflegeversicherung auf neuem Kurs

Das Modellprojekt »Persönliches Pflegebudget«

Die Einführung der Pflegeversicherung hat Positives gebracht, sie hat aber auch ihre Schwächen. So werden Menschen mit Demenzerkrankungen beispielsweise nur unzureichend unterstützt. Die Leistungen der ambulanten Dienste kommen Angehörigen und ihren Pflegebedürftigen häufig wenig entgegen, so dass die Entscheidung »Heim« oft schneller als nötig fallen muss. Im Auftrag der Spitzenverbände der Pflegekassen wird daher zur Zeit in sieben deutschen Städten ein neues Angebot der Pflegeversicherung erprobt. Wissenschaftlich begleitet und ausgewertet wird das Modellprojekt vom Freiburger Institut für angewandte Sozialforschung (FIFAS), dem Mannheimer Zentrum für Europäische Wirtschaftsforschung sowie der Evangelischen Fachhochschule Freiburg. Sie werden die Pflege mit und ohne Budget miteinander vergleichen und auf ihre Wirtschaftlichkeit prüfen.

Budgets sind derzeit sozialpolitisch »in«. In der Behindertenhilfe werden sie bereits seit Mitte 2004 eingesetzt. In der Integrierten Versorgung im Rahmen der gesetzlichen Krankenversicherung werden Patientenbudgets ausgehandelt. Und sowohl die Herzog- als auch die Rürup-Kommission empfehlen die Erprobung von Budgets auch im Bereich der Pflegeversicherung. Dies soll mehr Raum für Entscheidungen und Selbstorganisation schaffen, damit Pflege und Betreuung zu Hause kostengünstiger, effektiver und maßgeschneidert gestaltet werden können.

Dabei richtet sich das Angebot eines Pflegebudgets besonders an:

- behinderte Menschen, die ihr Leben möglichst autonom gestalten möchten
- pflegebedürftige Menschen, die von Angehörigen zu Hause betreut werden und die neben den bisherigen Diensten beispielsweise die Nachbarschaftshilfe oder selbst ausgesuchte Pflegekräfte engagieren möchten
- Demenzkranke, denen die Pflegedienste häufig nur ein begrenztes Angebot bieten.

Unterstützt werden Angehörige und Pflegebedürftige dabei von so genannten Case Managern. Das sind Fachkräfte und Sozialarbeiter, die speziell für das Projekt geschult werden. Sie machen sich anhand von Gutachten des Medizinischen Dienstes oder anderer Unterlagen und der Situation vor Ort ein Bild vom Bedarf und helfen so bei der Wahl des richtigen Dienstleisters.

Geld statt Sachleistungen

Die Pflegekasse überweist direkt und »cash« an den Pflegebedürftigen. Die Beträge entsprechen den Höchstgrenzen, die ambulante Dienste mit den Kassen abrechnen können.

Gestaffelt ist das Budget nach der Pflegestufe:

- Pflegestufe I: 384 Euro
- Pflegestufe II: 921 Euro
- Pflegestufe III: 1432 Euro

Das Geld kann grundsätzlich für alle Leistungen verwendet werden, die ein Pflegedienst derzeit anbietet. Darüber hinaus können aber auch Leistungen dazugekauft werden. Wer also jemanden braucht, der ihm vorliest, für ihn einkauft oder mit ihm spazieren geht, kann das vom Pflegebudget bezahlen.

Wichtig: Mit dieser Finanzhilfe ist es möglich, die Nachbarin oder einen Freund zu beauftragen, sie darf jedoch nicht an nahe Angehörige (Ehe- oder Lebenspartner, Kinder, Eltern und Geschwister) ausgezahlt werden, auch wenn sie Teile der Pflege übernehmen. Auch für Pflegeleistungen vom »Schwarzmarkt« darf das Geld nicht eingesetzt werden.

Absprachen und Verträge müssen allerdings nach arbeits- und steuerrechtlichen Gepflogenheiten festgelegt werden. Auch dabei unterstützt der Case Manager.

Skepsis bei den Pflegediensten

Das Thema Pflegebudget wird zur Zeit durchaus kontrovers diskutiert. So sehen einige Pflegedienste darin eine existentielle Bedrohung, andere sehen eine Ermunterung zur Eigenständigkeit und Selbstbestimmung der Pflegebedürftigen, mehr Wirtschaftlichkeit und eine individuellere Form der Pflege.

Das Modellprojekt wird noch bis zum Jahre 2008 laufen. Dann soll darüber entschieden werden, ob es als Bestandteil der Regelversorgung von den Kassen angeboten wird.

Auf die Straße?

Um die Bedingungen für Pflegekräfte und -bedürftige zu verbessern, wäre in der Altenpflege ein Arbeitskampf notwendig. Doch das ist bisher schwierig. Die Leiterin der Fachgruppe Einrichtungen und Dienste der ambulanten, teilstationären und stationären Pflege in der Bundesverwaltung ver.di, Gabriele Feld-Fritz, erläutert im Interview, warum das so ist.

? *Klinikärzte gehen für verbesserte Bedingungen auf die Straße, Altenpfleger tun das nicht. Warum?*
! Gabriele Feld-Fritz: Weil sie Angst haben. Angst, den Arbeitsplatz zu verlieren. Und das ist nicht ganz unbegründet. Denn viele Beschäftigte in der Altenpflege werden heute in Teilzeit eingestellt oder haben nur befristete Verträge. So »klein gehalten« und eingeschüchtert, ist es doppelt schwer, gegen Missstände etwas zu tun.

? *Rosig war die Situation in der Altenpflege nie, Unterbesetzung immer schon ein Thema.*
! Ja, aber mit Einführung der Pflegeversicherung wurde der Personalmangel noch schlimmer. Die Pflegeversicherung sollte die Kosten begrenzen nach dem Grundsatz »Ambulant vor stationär«. Andererseits wurden die Kosten in den Pflegeheimen gedeckelt. Über 70 Prozent davon sind üblicherweise Personalkosten. Es wird also Personal

abgebaut, das führt dann schnell zur gefährlichen Pflege. Vereinzelt gibt es Häuser, in denen die Personalkosten schon auf fast 50 Prozent abgesenkt wurden. Und viele kritische Situationen erklären sich aus diesem Personalabbau.

? *Und stattdessen kommen 1-Euro-Jobber auf die Station?*
! Das verschärft die Situation leider noch. Auch wenn einige von ihnen sich sehr engagieren, führt das letztendlich zu einer Entprofessionalisierung und zu einem Qualitätsverlust. Leidtragende sind wieder die Pflegebedürftigen.

? *Was fordern Sie als Gewerkschaft?*
! Wir wollen eine bundesweit einheitliche Personalbemessung in der Pflege durchsetzen, an die sich Kostenträger und Einrichtungen verbindlich halten sollen. Und diese soll auf einer Pflegebedarfsermittlung beruhen. Bis zur Einführung eines solchen Systems ist es erforderlich, dass jede zweite Stelle dabei von einer Fachkraft besetzt werden muss. Im Übergang fordern wir zudem frei nach dem Motto »nimm 2«, dass auf zwei Pflegebedürftige eine Pflegekraft kommt.

? *Die Realität sieht leider noch anders aus. Da muss sich ein Pfleger in der Nachtschicht schon mal um 30 ältere Menschen kümmern …*
! Wir wissen aus verschiedenen Studien, dass das Personal in den meisten Heimen um 30 Prozent aufgestockt werden müsste, um eine gute Pflege zu gewährleisten.

? *Was können Pflegekräfte denn überhaupt tun, um sich gegen Überlastung und Mängel zu wehren?*
! Ganz wichtig ist die Entlastungsanzeige. Sie signalisiert: Ich kann die mir aufgebürdete Arbeit nicht schaffen, und zwingt den Arbeitgeber, zu handeln. Und – was noch viel wichtiger ist – sie entlastet die Pflegekraft auch rechtlich.

Denn wenn dem Arbeitgeber der Personalmangel bekannt ist und als Folge dessen Bewohner zu Schaden kommen, haftet er.

? *Und ohne ein eindeutiges Signal wird tatsächlich die Pflegekraft zur Rechenschaft gezogen?*
! Ja, wenn keine Entlastungsanzeige geschrieben wurde und es dann zu einem gravierenden Pflegefehler kommt, haftet die Pflegekraft. Es gibt genug Gerichtsurteile, die zu Lasten des Pflegepersonals entschieden haben. Die Entlastungsanzeige sollte man übrigens immer schriftlich formulieren. Am besten unter Mithilfe von ver.di.

? *Betriebsräte könnten so etwas ja unterstützen. Aber die sind in der Altenpflege noch nicht üblich …*
! Bei den kleineren Einrichtungen und auch bei den Privaten leider nicht. Gute und engagierte Arbeitnehmervertretungen haben dagegen meist die Einrichtungen, die von Kommunen, Wohlfahrtsverbänden oder auch der Kirche getragen sind.

? *Warum sind ausgerechnet bei den schwierigen Arbeitsbedingungen in der Pflege Betriebsräte so rar?*
! Gegenüber anderen Berufen tun sich Beschäftigte in der Pflege traditionell schwer, auf ihre Rechte zu pochen. Wir sprechen vom »Helfersyndrom«. Eine Rolle spielt auch das schlechte Gewissen gegenüber den Kollegen. »Wenn die Arbeit sowieso kaum zu bewältigen ist, kann ich mich doch nicht auch noch für den Betriebsrat freistellen lassen und meinen Kollegen damit in den Rücken fallen«, denken manche. Hier muss ein Umdenken stattfinden. Denn gerade die Freigestellten können dafür sorgen, dass ihre Kollegen unter guten Bedingungen arbeiten. Und gute Bedingungen führen auch zu guter Pflege.

Bundesweite Nachdenkaktion in der Altenpflege

Nach den Gesprächen mit der Gewerkschaft ver.di und den Berufsverbänden der Altenpflege fühlte ich mich in meinen Erfahrungen bestätigt. Die von mir vielleicht zu naiv erwartete Bewegung nach Erscheinen von »Abgezockt und totgepflegt« blieb leider aus. Die Angst um den eigenen Arbeitsplatz und damit um die Existenz lähmt die Pflege.

Die ganze Pflege? Nein!

Bereits im September 2005 erhielt ich einen Anruf von Georg Bonerz, der seit 22 Jahren im Marienhaus in Essen an der Ottilienstraße arbeitet. Ich war schon sehr überrascht, dass sich ein Geschäftsführer eines Altenheimes mit mir in Verbindung setzt, um mich zu einer Lesung in seine Einrichtung einzuladen.

Das Marienhaus ist ein einfacher Bau an einer stark befahrenen Straße. Auf den ersten Blick nicht zu unterscheiden von all den anderen Heimen, die ich bisher besucht hatte.

Doch wer sich mit der Geschichte des Hauses beschäftigt, stellt schnell fest, dass schon seit der Eröffnung des Altbaus im Jahre 1958 immer wieder der Geist der Seligen Ordensgründerin Franziska Schervier durchscheint. Das hatte immer etwas mit Einsatz und Kämpfen zu tun.

Heute kämpft man im Marienhaus darum, dass der Menschlichkeit nicht die Luft ausgeht. Dies sieht man in Bezug auf die Bewohner, Mitarbeiter, Angehörige und das Umfeld.

An der Fassade des Marienhauses hängen weiße Bettlaken mit den Aufschriften wie:

Waschen ja – reden nein –
Ist das Altenpflege?

Bürokratie contra Menschenwürde –
Wie würden Sie entscheiden?

Wir wollen keine Menschen-Waschstraße!

Menschen sind keine Maschinen!

Menschen brauchen in der Pflege Zuwendung –
keinen Minutenwert!

Noch vor wenigen Tagen gingen Pflegepersonal, Bewohner, Angehörige und Betroffene im häuslichen Bereich mit den beiden Geschäftsführern Herrn Volmer und Herrn Bonerz auf die Straße.

Bewohner, Mitarbeiter und Angehörige bei der Nachdenkaktion für eine bessere Pflege in Altenheimen, (Essen, 2005).

Es war eine mit mehreren Häusern im Ruhrgebiet gemeinsam geplante Nachdenkaktion, um auf die Missstände in der Altenpflege hinzuweisen.

»Seit der Einführung der Pflegeversicherung am 01.07.1996 haben sich die Bedingungen gravierend verändert«, empfängt mich der kampfbereite Bonerz. Er ist wütend über die unendliche Bürokratie und zeigt mir dicke Aktenordner. Vor dem Sozialgericht Duisburg führt er über 40 Verfahren zur Einstufung seiner Bewohner. Im Marienhaus leben heute 50 Personen, wovon der überwiegende Teil schwerstpflegebedürftig ist. »Für die Hälfte unserer pflegebedürftigen Menschen laufen die Verfahren zur Einstufung noch! Den Arbeitsaufwand haben wir allerdings jetzt – doch wer zahlt uns das hierfür notwendige Personal? Wir erhalten nur die Einnahmen für die niedrigere Pflegestufe. Bis zur endgültigen Entscheidung der durchlaufenen Instanzen dauert es oftmals bis zu drei bis vier Jahre! Wie sollen wir das vorfinanzieren?«, fragt sich der engagierte Heimleiter.

»Durch harte Pflegesatzverhandlungen haben wir in den letzten 10 Jahren schon von der Pflegeversicherung profitiert. Aber viele andere Einrichtungen haben sich aus unterschiedlichen Gründen diesen harten Weg der argumentativen Auseinandersetzung geschenkt«, so der erfahrene Pflegeprofi Bonerz. »Diese haben dann permanent an Personal eingebüßt und trösten sich mit der Beruhigungspille der Pflege – den 1-Euro-Jobbern. Das kann doch nicht die Lösung sein!«, sagt er.

Nach Meinung von Herrn Volmer und Herrn Bonerz liegt die Lösung im Bereich der Einstufungen. Im Bereich Nordrhein gibt es heute schon 5400 Mitarbeiter in der Pflege weniger als vor der Einführung der Pflegeversicherung.

Die beiden Geschäftsführer haben sich viele Gedanken gemacht, was sie ändern können. So kamen sie schließlich auf die Idee, die »Nachdenkaktion« ins Leben zu rufen. »Es ist wichtig, der Bevölkerung klarzumachen, wie es uns geht.«

Gemeinsam mit anderen Einrichtungen setzen sie auch 2006 ihren Kampf zur Verbesserung der Rahmenbedingungen fort und starteten bundesweit folgenden Aufruf, der in einer Pressemitteilung verbreitet wurde.

Pressemitteilung
Bundesweite Nachdenkaktion der Altenhilfe geht in die zweite Runde

16. Juni 2006
Essen. Pünktlich zum ersten Jahrestag geht die bundesweite Nachdenkaktion der stationären und ambulanten Altenhilfe in eine zweite Runde. Am 1. und 29. September 2006 rufen die Initiatoren erneut zur gemeinsamen Nachdenkstunde auf.

Wie bereits im vergangenen Jahr kommen Bewohner, Mitarbeiter sowie alle Interessierten zu einem einstündigen Gedankenaustausch vor ihren Einrichtungen zusammen und machen die Öffentlichkeit mit individuell gestalteten Aktionen auf die derzeitig desolate Situation in der Altenpflege aufmerksam.

»Der große Erfolg der Nachdenkaktion 2005 und die Aufmerksamkeit der Medien für dieses wichtige soziale Thema, bestätigt die Notwendigkeit für eine Wiederholung«, sagt der Heimleiter. Es sei erfreulich, dass sich auch für dieses Jahr wieder viele Einrichtungen in der ganzen Bundesrepublik an der Nachdenkaktion beteiligen werden.

Der Aufruf zum Mitmachen richtet sich insbesondere an die Basis der Pflege. So sind Leitungen sowie Mitarbeiterinnen und Mitarbeiter von Altenhilfeeinrichtungen herzlich eingeladen, Bildmaterial und Presseausschnitte von ihrem individuellen Einsatz für dieses Projekt einzuschicken und auf der zentralen Homepage
www.nachdenkaktion.de
zu veröffentlichen.

Mögliche Fragestellungen, die diskutiert werden können:
Sind die Rahmenbedingungen, innerhalb derer sich die Altenpflege zur Zeit bewegt, noch erträglich?

Sind wir dafür da, um die Pflegebürokratie am Leben zu erhalten oder sind wir für die uns anvertrauten Menschen zuständig?

Ist der Eindruck richtig, dass der größte Teil der stationären und ambulanten Pflege aufgehört hat zu kämpfen und sich aufzulehnen – vor allem argumentativ?

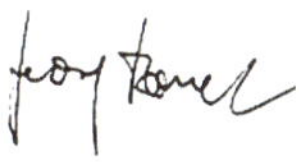

Georg Bonerz
Einrichtungsleitung/
Geschäftsführung

Unter der im Aufruf angegebenen Internetadresse können sich interessierte Pflegekräfte informieren und auch am Stimmungsbarometer ihre Stimme zur Frage: »Sind die Rahmenbedingungen, innerhalb derer sich die Altenpflege zur Zeit bewegt, noch erträglich?« Bisher haben sich übrigens 247 Pflegekräfte beteiligt – 94 Prozent stimmten mit NEIN!

Pflege maßgeschneidert

Sie haben in diesem Buch jetzt viele Formen der Betreuung und Pflege im Alter kennen gelernt. Ob Sie als Angehöriger einen pflegebedürftigen Menschen betreuen, in der Altenpflege arbeiten oder bereits heute an später denken: Es stellt sich ständig und unausweichlich die Frage nach der optimalen Lebensform im Alter. Nicht immer muss ein Heim eine Abschiebestation sein, nicht immer sind Pflegebedürftige zu Hause am besten aufgehoben. Und auch nicht für jeden alten Menschen eignen sich alternative Wohnformen wie etwa eine Wohngemeinschaft oder ein Haus mit verschiedenen Generationen.

Auf vielen Veranstaltungen wurde ich von hilflosen Menschen angesprochen, wie sie in unserem Land ein passendes Heim für sich oder ihre zu pflegenden Angehörigen finden können.

Das erste Problem bei der Heimplatzsuche ist meist die fehlende Zeit!

In den häufigsten Fällen wird die Entscheidung über eine Heimunterbringung während eines Krankenhausaufenthalts getroffen. Die behandelnden Ärzte stellen fest, dass der Mensch aufgrund seines Krankheitsbildes in Zukunft auf fremde Hilfe angewiesen ist. Der plötzlich Pflegebedürftige verliert hier schon seine Selbstbestimmung, denn er ist nicht mehr in der Lage, seinen Heimplatz selbst zu suchen. Er ist auf die Hilfe von Angehörigen oder gesetzlich bestimmten Betreuern angewiesen. Diese stehen unter erheblichem Zeitdruck, denn meist bleiben maximal drei Wochen Zeit für die Suche. Da viele qualitativ gute Einrichtungen Wartelisten bis zu sechs Monaten führen, ergibt sich hieraus schon die erste Problematik.

Tipp
Um die Selbstbestimmung so weit wie möglich zu erhalten, empfehle ich, das Thema Pflegebedürftigkeit nicht zu verdrängen und noch vor Eintritt des Ernstfalls selbst ein passendes Haus zu suchen!

Doch wie gehen Sie hier am besten vor?

Zunächst muss sich jeder über seine Bedürfnisse klar werden. Dies beginnt mit der Standortwahl: Lebe ich lieber in Ruhe auf dem Land oder bin ich mehr der Stadtmensch? Bei dieser Entscheidung spielt natürlich auch das Lebensumfeld eine Rolle. Kann ich nach dem Umzug von Freunden, Nachbarn und Angehörigen auch noch besucht werden oder verliere ich den Kontakt? Dies sind die zentralen Fragen, die individuell beantwortet werden müssen.

Wenn Sie dies getan haben, stehen Sie vor der Entscheidung, welchem Heimträger Sie sich anvertrauen. Grundsätzlich unterscheidet man zwischen den gemeinnützig oder konfessionell geführten Einrichtungen, die kostendeckend, und den Privaten, welche gewinnorientiert arbeiten. Ausschlaggebend ist die Philosophie des Hauses, steht also der Mensch oder der Gewinn im Mittelpunkt des Interesses. Entscheidend hierbei ist, dass diese Philosophie auch im Haus gelebt wird und nicht nur irgendwann einmal schriftlich verfasst wurde. Doch wie kann ich als Außenstehender dies erkennen?

Lebensqualität und Menschenwürde liegen zunächst in den Händen der Heimleitung. Sie stellt die Richtlinien auf, an denen sich das Leben im Heim orientiert. Steht der Mensch im Mittelpunkt, arbeitet man mit einer schlanken Verwaltung, flachen Hierarchien und setzt alle Kraft in die Betreuung der Bewohner. Dies lässt sich nur erreichen, wenn der Personalschlüssel voll ausgeschöpft wird. In guten Heimen setzt man auf den Schlüssel von 1 : 3, aber auch 1 : 2, das heißt auf drei zu pflegende Menschen kommt eine Pflegekraft. Die Quote des ausgebildeten Fachpersonals sollte hierbei 50 Prozent nicht unterschreiten. Die Leitung erkennt die psychischen und physischen Belastungen des Pflegealltags an und bietet dem Personal Entlastungsmöglichkeiten wie Rückenschule, genügend Freizeit und so weiter. Sie nimmt die Sorgen und Probleme des Pflegepersonals ernst und hat selbstverständlich eine Mitarbeitervertretung in Form eines Betriebsrats.

Ein weiteres Qualitätskriterium: Die Selbstbestimmung der Pflegebedürftigen sollte weitestgehend erhalten bleiben. Achten Sie darauf, dass Sie nicht einem vorgegebenen Tagesablauf unterliegen, sondern selbst entscheiden können, wann Sie aufstehen oder zu Bett gehen möchten. Auch Ihre gewohnten Essenszeiten sollten Berücksichtigung finden. Anhand von intensiver Biographiearbeit erkennt man Sie als Individuum an und befasst sich mit den noch vorhandenen Fähigkeiten, um diese dann durch aktivierende Pflege bestmöglich zu erhalten. Die soziale Betreuung wird unterstützt von ehrenamtlichen Hilfskräften, die bei Ausflugsfahrten und sonstigen Beschäftigungsprogrammen den Pflegekräften zur Seite stehen.

Wichtig ist auch, dass Ihre vertraute hausärztliche Versorgung erhalten bleibt.

Sollten Sie nun eine Entscheidung getroffen haben, wird zwischen Ihnen und dem Träger ein Heimvertrag geschlossen. Stellen Sie dabei sicher, dass Sie die von Ihnen angemieteten Räume auch im Falle der Schwerstpflegebedürftigkeit nicht mehr verlassen müssen und eine Sterbebegleitung als selbstverständlich angesehen wird.

Tipp
Schließen Sie zunächst einen Vertrag auf Probe ab, der ermöglicht Ihnen innerhalb der ersten vier Wochen eine fristlose Kündigung!

Wer so lange wie möglich zu Hause bleiben möchte, kann die Hilfe von ambulanten Pflegediensten in Anspruch nehmen. Qualifiziertes Pflegepersonal bietet Ihnen eine pflegerische Versorgung in Ihrer gewohnten häuslichen Umgebung. Neben der reinen Pflege bieten sie auch zusätzlich Haushaltshilfen, Begleit- und Besuchsdienste an.

Hierzu ein kleines, alltägliches Beispiel mit großer Wirkung:

Ehrenamtlicher Besuchsdienst

Renate Seher-Kahnt, 48, Gewandmeisterin, engagiert sich seit Jahren als ehrenamtliche Helferin im Nachbarschaftsheim Schöneberg in Berlin.

Sie betreut unter anderem den Demenzkranken Walter Schöner, 78 (Name geändert), der ohne Angehörige in einer WG für altersverwirrte Menschen in Berlin-Steglitz lebt. Mit dem Thema Sterben kam sie schon früh in Kontakt, als ihre Mutter dem Krebs erlag – damals war sie 11

Jahre alt. Sie sagt: »Das Alter gehört zu einer Lebensphase, in der man sehr intensiv lebt. Vielleicht, weil der Tod ein Stück näher ist. Es kommt zu vielen Begegnungen, die man sonst aus dem Alltag nicht kennt. Andererseits schmerzt es mich, wie unsere Gesellschaft mit älteren Menschen umgeht.«

Eine Zwitterform zwischen Heim und Aufenthalt zu Hause bieten die teilstationäre Pflege oder auch die Kurzzeitpflege. Sie bietet die Möglichkeit für pflegende Angehörige, auch einmal eine Pause einzulegen, und trägt somit zu deren unbedingt notwendiger Entlastung bei.

Tipp
Um pflegenden Angehörigen einen Urlaub zu gönnen, zahlen die Pflegekassen auf Antrag eine Unterbringung in der Kurzzeitpflege bis maximal vier Wochen pro Jahr!

Die Tagespflege ist mit ihrer teilstationären Pflege und Betreuung eine eigenständige Angebotsform. Sie stellt neben der ambulanten Pflege zu Hause und der stationären Pflege in Heimen eine dritte Säule in der Versorgungslandschaft dar. Auch sie bietet eine Entlastung für die Angehörigen, die ihre Pflegebedürftigen täglich in den Zeiten von 7 bis 18 Uhr von qualifiziertem Personal versorgen lassen können.

Tipp
Auch hier übernimmt einen Teil der Kosten auf Antrag die Pflegekasse!

Zum Schluss auch hier ein alltägliches Beispiel:

Die Tagespflege Friedenau des Nachbarschaftheims Schöneberg in Berlin

»Den Alltag neu entdecken«, das bedeutet für die Senioren der Tagespflege Friedenau, Vertrauen finden, sich auf Neues einlassen, Ausflüge zu genießen, auch mal einen Sitztanz ausprobieren, gemeinsam lachen und sich wohl fühlen.

Die Besucher und Besucherinnen der Tagespflege sind pflegebedürftig, die meisten haben eine Pflegestufe, sie sind hochbetagt und leiden häufig an einer Demenz.

Gemeinsam haben sie einen Wunsch, so lange wie nur möglich zu Hause wohnen zu können und dabei weiterhin Lebensqualität zu erfahren.

Was eine Tagespflege zu bieten hat, wird oftmals unterschätzt, so die Leiterin. Natürlich ist das gemütliche Frühstück, ein ausgewogenes Mittagessen und ein selbstgebackener Kuchen für die Senioren wichtig. Aber es ist die individuelle Betreuung, der Umgang mit der dementiellen Erkrankung, die Förderung der vorhandenen geistigen Fähigkeiten, der Erhalt der Beweglichkeit, das Gefühl des Wohlbefindens, die Streicheleinheiten und das Vermitteln von Geborgenheit, was die Tagespflege ausmacht. Es ist eine Arbeit, die die ganze Aufmerksamkeit, Konzentration und Energie der Pflegekräfte fordert, denn keiner der Gäste soll zu kurz kommen. Auf dem Programm der Tagespflege Friedenau stehen schon seit Jahren die regelmäßigen Besuche des nahe gelegenen Kindergartens Riemenschneiderweg.

»Die alten Leute kommen«, so rufen freudestrahlend und überschwänglich die Kinder, wenn die Senioren alle 14 Tage in die Kita kommen. Darf man »die alten Leute« überhaupt sagen? Die Erzieherinnen haben mit den Senioren über die Wortwahl der Kinder gesprochen, und die

Senioren waren mit der kindlichen Ausdrucksweise einverstanden. Sie finden, die Kinder drücken damit sachlich, offen und ehrlich aus, dass die Senioren eben alt sind. Die Kinder meinen das nicht diskriminierend, denn sie lieben ihre alten Freunde.

Die Gäste aus der Tagespflege sehen und hören fröhliches Kindergelächter, besonders beliebt sind die Sommermonate, wenn die Zeit gemeinsam im Garten verbracht wird. Dann wird gemeinsam gesungen, die Kinder hören zu, wenn die Senioren über ihre Kindheit erzählen und welche Kinderlieder und Gedichte es früher gab. Eine Seniorin kann wunderbar Gedichte und kleine Verse aufsagen und bringt mit ihrem trockenen Humor alle zum Lachen. Eine andere Besucherin brachte vor einiger Zeit wunderschöne alte Tierhandpuppen mit, die sie von ihren eigenen Kindern aufgehoben hatte. »Manchmal fragen wir uns, wer hier eigentlich wen glücklich macht«, so die Leiterin des Kindergartens.

Zurück in der Tagespflege, heißt es für die alten Damen erst einmal Mittag essen und dann ausruhen in den gemütlichen Liegesesseln. Andere Tagesgäste sitzen lieber im Garten und lesen Zeitung. Die Räume der Tagespflege befinden sich in einer sehr großen Altbauwohnung, die im Erdgeschoss liegt. Die ruhige Mittagszeit nutzen einige Gäste auch, um in der kleinen Einkaufsstraße diesen oder jenen Einkauf zu erledigen.

Mit Kaffee und Kuchen beginnt der Nachmittag, beliebte Spiele wie »Bingo«, Kreuzworträtsel oder kleine Ratespiele bilden im Anschluss daran das Nachmittagsprogramm. Überhaupt gibt es ein sehr umfangreiches Programm, das wöchentlich wechselt, vom Realitätsorientierungs- und Gedächtnistraining, Krankengymnastik, Körperpflege und Behandlungspflege, Musiktherapie oder Seniorengymnastik, Ausflüge, Feste und Feiern zum Jahreswechsel, bis hin zum Urlaub mit den Senioren.

Es ist schön, die Kinder um sich zu haben.

»Wichtig für uns als Tagespflegeeinrichtung ist es, dass wir nicht als Konkurrenz der Sozialstationen verstanden werden wollen, sondern als sinnvolle Ergänzung zur ambulanten Pflege. Wir bieten eine Entlastung für die Angehörigen in der häuslichen Pflege an, wir sind für die einsamen alten Menschen da, die zum Beispiel im Rollstuhl sitzen, im zweiten Stock ohne Fahrstuhl wohnen und ohne die Besuche in der Tagespflege kaum noch die Wohnung verlassen würden. Wir holen die Tagesgäste von zu Hause ab und bringen sie auch wieder nach Hause, und dazu gehört auch das Umsetzen aus dem Rollstuhl, Mantel und Straßenschuhe ausziehen und etwas zu Trinken bereitstellen«, berichtet die Leiterin der Tagespflege.

Die Tagespflegen haben das Problem der Finanzierung, denn abgerechnet werden kann nur der Tag, an dem die Leute auch kommen. Fällt der Tag aus und das ist bei alten Menschen schnell einmal der Fall, kann nicht abgerechnet werden, und so schwanken die Besucherzahlen beträchtlich. Zudem sind die Kosten so hoch, dass eine private Finanzierung kaum zu leisten ist. Die Pflegestufe ist oftmals schon durch eine Sozialstation ausgeschöpft, und so bleibt nach einem kostenlosen Schnuppertag nicht selten die leidige Finanzierung der Grund, warum ein Gast nur ein bis zwei Mal in der Woche eine Tagespflege besuchen kann. Das ist bei demenzkranken Menschen zu wenig. Die Pflegeziele, die in der Pflegeplanung zusammengefasst werden, sollten verwirklicht werden. Das ist bei einem Besuch in der Woche sehr schwer durchzuführen. Dennoch ist Tagespflege eine schöne Abwechslung für alte Menschen, sei es ein oder fünf Mal in der Woche oder wie andere Tagespflegen es anbieten, auch am Wochenende.

Die Kinder freuen sich sehr über den Besuch ihrer »alten Leute«.

I have a dream ...

Rund 300 000 Menschen waren 2006 bundesweit in der Altenpflege beschäftigt, rund 87 Prozent davon Frauen. Jährlich lernen etwa 45 000 junge Menschen den Beruf des Altenpflegers oder der Altenpflegerin. Um die Qualität zu verbessern, gelten seit 2003 bundesweit einheitliche Regelungen für eine dreijährige Ausbildung. Der theoretische Unterricht findet an einer der etwa 700 privaten oder öffentlichen Fachschulen statt, der praktische Teil in einer Altenpflegeeinrichtung.

Viele angehende Pflegekräfte starten mit einem enormen persönlichen Engagement und einer großen Motivation. Das habe ich bei zahlreichen Gesprächen an Pflegeschulen gespürt. Konfrontiert mit den Beschränkungen und Widrigkeiten des Pflegealltags mischen sich optimistische mit pessimistischen Beurteilungen des eigenen Berufs. Dies zeigt sich auch in den Zukunftsvisionen, die Nachwuchskräfte der Altenpflege im Rahmen ihrer Ausbildung zu Papier gebracht haben.

Altenheime als Auslaufmodell

»Ich wünsche, dass alle Altenheime abgeschafft werden, und jeder Mensch, solange er es möchte, in seiner eigenen häuslichen Umgebung leben kann«, fasst Pflegestudentin

Tanja aus Wuppertal ihre bisherigen Erfahrungen zusammen.

Auch Pflegeschülerin Dagmar aus Essen sieht in Altenheimen »nur die allerletzte Möglichkeit ... für Schwerstfälle, für Menschen, die rund um die Uhr Betreuung brauchen«.

Sie betrachtet schon aufgrund der demographischen Entwicklung und der immer geringeren Mittel der Rentenkassen die klassischen Altenheime als Auslaufmodell. Reiche werden ihre persönlichen Pfleger haben und medizinisch gut versorgt sein, die übrigen Alten abgeschrieben, so lautet die düstere Prognose der jungen Frau. Die Alternative sieht sie in verstärkter Selbsthilfe: »Die günstigste Lösung wäre eine Art Wohngemeinschaft.« Darin sollten sich die alten Menschen solange es geht selbst gegenseitig bei den Dingen des Alltags helfen. Tagsüber trifft man sich, wann immer man möchte, im Gemeinschaftsbereich, zu gegebener Zeit kann man sich in die eigenen vier Wände zurückziehen. »Ideal wäre so ein Zusammenschluss zu Zeiten, in denen man geistig und körperlich fit ist, um sich aneinander zu gewöhnen«, meint Dagmar.

Kurse in Erster Hilfe für Bewohner von Alten-WGs

Während die Bewohner solcher Alten-WGs selbst Kurse in Erster Hilfe und Grundpflege besuchen, um sich bei Bedarf gegenseitig zu unterstützen, sind die Profis der ambulanten Dienste bei schweren Pflegefällen oder als Berater gefragt. Bei Bedarf, so meint Dagmar weiter, könnten Altenpfleger auch einen Arbeitsraum in der Wohngemeinschaft einrichten. Das Altersheim der Zukunft sieht die Pflegeschülerin nur noch als »eine Art Hospiz in groß«. Die Bewohner würden dort »nicht mehr Jahre oder Jahrzehnte leben, sondern eher Monate«. Sterbebegleitung werde für die Beschäftigten dort künftig »groß geschrieben sein«.

Pflege wird nur bei Bedarf gekauft

Ähnlich nüchtern betrachtet Pflegeschülerin Stefanie die Zukunft. Auch sie sieht angesichts des demographischen Wandels und leerer Kassen die bisherigen Wohnprojekte als Standardmodelle der Zukunft: Aus Pragmatismus würden sich Singles im Alter zu Lebensgemeinschaften in Form von WGs zusammenschließen. »Pflege wird nur dort, wo Hilfe benötigt wird, als Leistung eingekauft. Schulungen im Umgang mit Erkrankungen und im Bereich der Prävention sind weitere Leistungen, die eingekauft werden«, meint sie. »Wenn Klienten ihre eigenen Profis werden, so sparen sie viel Geld ein«, resümiert die Pflegeschülerin und ergänzt ganz nüchtern: »Geld ist es, worum sich alles dreht.«

Weil eben jenes den öffentlichen Kassen fehlt, hält sie auch weitere Änderungen für nötig. Arbeitssuchende sollten in den Gemeinden ehrenamtliche Hilfe leisten, zum Beispiel Reparaturleistungen übernehmen, alten Menschen beim Einkauf helfen oder sie bei der Haushaltsführung unterstützen, schlägt Stefanie vor. Wenig zuversichtlich ist sie hinsichtlich der stationären Pflege: Mehrbett- statt Einzelzimmer seien hier die Perspektive. Dort würden sich die Bewohner gegenseitig helfen, während sie auf das Personal warten. Für Stefanie eine Folge des Prinzips: Minimale Leistung mit minimalem Zeitaufwand, um Kosten zu sparen.

Selbstorganisation in ländlichen Gebieten

Wo traditionelle Familienstrukturen zerfallen und Singles sich mehr mit Gleichgesinnten zusammenfinden, sieht auch Markus neue Anforderungen an die Pflege der Zukunft. Die Bildung von Wohngruppen hätte sich »nicht nur als therapeutisch sinnvoll erwiesen, sondern trifft auch den allgemeinen Zeitgeist der Menschen, die sich mit dem eigenen Leben im Alter auseinander setzen«, meint der Pflegeschüler. Markus sieht dabei zwischen Stadt und Land leicht unterschiedliche Perspektiven.

Im ländlichen Bereich seien selbstorganisierte Wohngruppen von Menschen möglich, die sich schon vertraut sind und gemeinsam ihre Zukunft planen. Die individuellen Selbstpflegedefizite sollten so weit wie möglich in der Gruppe ausgeglichen werden, bei einem ambulanten Pflegedienst in der Region könnten zusätzlich notwendige Leistungen eingekauft werden. Im städtischen Bereich wäre »eine weitestgehend ambulante Betreuung im Rahmen der unterstützenden Angehörigenpflege, der Wohngruppenpflege oder der klassischen Pflege zu Hause möglich«.

Glücklich im Hilfsnetzwerk

Alternativen zum Altersheim sind auch für die zweite Stefanie eine realistische Perspektive. Die Pflegestudentin aus Witten/Herdecke schildert dazu ein Beispiel aus ihrer Praxis: Ein Altenheimbewohner hatte nach einigen Jahren den Wunsch, wieder in seine eigene Wohnung zurückzukehren. Die Heimleitung, der Hausarzt und die Pflegekräfte sprachen sich einmütig dafür aus. »Durch Engagement und die Bildung eines Hilfsnetzwerkes für den Betroffenen ließ sich sein Traum realisieren«, schreibt Stefanie. Bei der Begegnung mit dem ehemaligen Heimbewohner habe sie »einen offensichtlich glücklichen Menschen kennen gelernt«, was sie darin bestärkt hat, über Alternativen zur Heimunterbringung nachzudenken.

Pflegestudentin Tanja aus Wuppertal, die für die Abschaffung der Altenheime plädiert, hat aus ihren praktischen Erfahrungen bei der ambulanten Pflege sehr dezidierte Vorstellungen für eine menschengerechte häusliche Versorgung alter Menschen entwickelt. Während der Pflege sei sie immer in Zeitdruck, klagt sie und wünscht sich deshalb größere Zeitkorridore, »um zeitlich flexibler zu sein, auch damit kein Stress aufkommt, der dann auf die konkrete Pflegesituation einwirkt«. Das erlaube es auch, sich bei erhöhtem Gesprächsbedarf des Pflegenden oder der Angehörigen die notwendige Zeit zu nehmen, »ohne ständig im Hinterkopf darüber nachzudenken, bei wem ich die Zeit wieder einsparen kann«.

Letzteres wäre möglich, wenn in der Dokumentation nicht nur die täglich wiederkehrenden Leistungen aufgeführt werden müssten, sondern diese sich auf Auffälligkeiten beschränken würde. Diese Zeit könnte sinnvoller für die direkte Pflege verwendet werden. Generell sieht sie die von der Pflegeversicherung festgelegten Kategorien der Pflegeleistungen und Zeitbudgets als zu eng an. »Ich möchte auf die Wünsche beziehungsweise die Bedürfnisse des Pflegebedürftigen eingehen können und nicht bei jedem zusätzlichen Handgriff überlegen müssen, wer das bezahlt oder ob das Budget für diesen Monat bereits aufgebraucht ist.« Zeit fehle besonders für eine aktivierende Pflege: Mobilisationen, Atemgymnastik oder Thromboseprophylaxe könnten nicht durchgeführt werden, obwohl sie zum Erhalt der Gesundheit beziehungsweise Selbstständigkeit enorm wichtig seien.

Tagesstätten fördern Alltagskompetenzen

Damit der 15-minütige Besuch der Pflegekraft am Morgen und Abend nicht der einzige soziale Kontakt für die alten Menschen bleibt, setzt Tanja auf Tagesstätten. »Dort nehmen sie zusammen die Mittagsmahlzeit ein, gestalten den Tag in der Gruppe mit vielfältigen Aktivitäten und haben sich untereinander viel zu erzählen. So bleiben die Alltagskompetenzen erhalten beziehungsweise werden weiter gefördert, die gerade in der häuslichen Versorgung besonders wichtig sind.«

Eine bessere Entlastung für die Angehörigen und einen Ausbau der Nachbarschaftshilfe sieht Tanja als Notwendigkeit für eine Zukunft ohne oder zumindest mit deutlich weniger Heimen. Für erforderlich hält sie aber vor allem ein Umdenken in der Gesellschaft, bei dem »die Pflege als hohe mitmenschliche, soziale Aufgabe anerkannt und nicht wie selbstverständlich erwartet wird«.

Bürgerengagement

Das gegenteilige Szenario entwirft Dagmar: Steigende Krankheitsraten bei dem ständig überforderten Personal, noch mehr Isolation der Pflegebedürftigen und deren frühzeitiger Tod als Beitrag zur Entlastung der Rentenkassen.

Stefanie aus Witten/Herdecke modifiziert am Ende ihren Traum von der radikalen Abschaffung der Altenheime: »Ich habe den Traum des Bewusstseinwandels, der Aufwertung häuslicher Pflege, dass entscheidenden Gesundheitspolitikern die Schuppen von den Augen fallen, dass Arbeitgeber ihre Mitarbeiter einmal die Woche für bürgerschaftliches Engagement freistellen, dass Heime unangekündigt kontrolliert werden, dass Kommunen sich bewusst für Altenpolitik stark machen, dass jeder Mensch sich mal zehn Minuten mit der Frage ›Was wäre, wenn ich alt und pflegebedürftig bin?‹ auseinandersetzt.«

Der Traum von Metternich

Vor 16 Jahren saß der Gesangsverein des idyllischen Moselörtchen in einer feucht-fröhlichen Runde zusammen. Die jüngeren Gesangsbrüder unterhielten sich über die meist deprimierenden Besuche der in Altenheimen untergebrachten Altmitglieder.

An diesem Abend entstand die außergewöhnliche Idee, es besser machen zu wollen. »Wir hatten das ehrgeizige Ziel, den pflegebedürftigen Menschen unserer Gemeinde die Nähe zu ihrem sozialen Umfeld zu erhalten«, blickt das Gründungsmitglied Dr. Feldhaus zurück. Die Motivation der Vereinsmitglieder war groß, und so gründeten sie bereits wenig später den Trägerverein »Ortspflegehaus Metternich«.

Zielsetzung war und ist es bis heute, den pflegebedürftigen Gemeindemitgliedern ein neues Zuhause zu geben, in dem sie in einer familiären Atmosphäre wohnen und leben können. All die menschliche Zuwendung, die sie bei den zahlreichen Besuchen ihrer betagten Mitglieder vermissten, fassten sie in ein ganzheitliches Pflegekonzept. Unter dem Motto: »Das Mehr an Lebensqualität und Lebensfreude im Alter« garantiert der Verein neben einer professionellen Pflege eine liebevolle Zuwendung und aktivierende Betreuung. Durch die enorme Einsatzbereitschaft der ehrenamtlichen Mitglieder wird der Kontakt mit Menschen aller Generationen, zu Familie und Freunden aufrecht erhalten.

Das dänische Modell in Metternich

Trotz vieler skeptischer Kommentare ließ man den ehrgeizigen Plänen auch Taten folgen. Durch einen hohen Anteil an Eigenleistung und von spendenfreudigen Gemeindemitgliedern wurde ein Haus angemietet und selbst umgebaut. Innerhalb kürzester Zeit hatte es der Verein ohne öffentliche Förderung geschafft, ein Haus mit 13 Kurzzeitpflegeplätzen zu eröffnen.

Gleichzeitig baute man einen ehrenamtlichen Besuchsdienst auf, um pflegenden Angehörigen im stressigen Pflegealltag auch mal eine verdiente Pause zu gönnen. Immer mit dem Ziel verbunden, den ortsansässigen, pflegebedürftigen Menschen nicht aus seiner gewohnten Umgebung zu reißen. So sind sie weiterhin ins Dorfleben integriert und werden wie gewohnt von Angehörigen und Nachbarn besucht.

Diese Vorgehensweise war mir bereits aus Dänemark bekannt. Im Jahre 1986 entschied die dänische Regierung, die Heimplätze nach und nach abzubauen. Ziel war es, der unpersönlichen Massenunterbringung von pflegebedürftigen Menschen und den unmenschlichen Arbeitsbedingungen ein Konzept der persönlichen Atmosphäre und des Respekts vor dem Alter und der Leistung der Pflegekräfte entgegenzuhalten.

Der Mensch ist das Maß

Das Konzept des Trägervereins wurde zu einer einzigartigen Erfolgsgeschichte. Bereits zwei Jahre später zog man in einen selbst errichteten Neubau mit 27 Betten für Dauer- und Kurzzeitpflege um. Das neue Haus ist nicht sehr groß und erhält damit seinen familiären Charakter. Um nicht einen kostenintensiven Verwaltungsapparat aufzubauen, wird das Heim vom ehrenamtlichen Vorstand geleitet. »Im Vordergrund unserer Philosophie steht der Mensch, es geht uns darum, dem alten Menschen mit Achtung und nicht mit der Routine des Pflegealltags zu begegnen«, so der jetzige Vorsitzende Dr. Markus Reinhardt. »Das Wichtigste an unserem Konzept ist, dass die Geldleistungen auch beim zu pflegenden Menschen ankommen. Das gibt uns die Möglichkeit, ausreichend qualifiziertes Personal vorzuhalten. Niemand verdient an dem Heim und die Überschüsse werden sofort in neue Projekte gesteckt«, erklärt er weiter.

Mittlerweile hat der Verein 263 Mitglieder, die mit vollem Einsatz hinter dem Konzept stehen und ihre Mitgliedschaft gleichzeitig als Eintrittskarte für das Theresiahaus verstehen.

Respektvoller Umgang

»Wir wollen durch unser Konzept die Dorfbewohner fordern, Verantwortung für den anderen zu übernehmen. Die pflegebedürftigen Menschen sollen nicht einfach abgeschoben, sondern weiter in die Dorfgemeinschaft integriert sein«, so der Ehrenvorsitzende Dr. Feldhaus. »Durch den enormen ehrenamtlichen Einsatz sind wir in der Lage, unsere pflegebedürftigen Menschen optimal zu versorgen. Täglich finden Veranstaltungen wie Vorlesen, Gedächtnistraining, Spazieren gehen, Ausflugsfahrten ... statt. Das entlastet unsere professionellen Pflegekräfte enorm.

Anfangs war es gar nicht so einfach, passendes Pflegepersonal für die Umsetzung unseres Konzepts zu finden. Wir erwarten, dass die Selbstbestimmung der alten Menschen weitestgehend erhalten bleibt. Das verlangt eine intensive Auseinandersetzung mit deren Biographie und einen respektvollen Umgang«, erzählt Dr. Reinhardt weiter. »Wir mussten Mitarbeiter finden, die bereit sind, unser Konzept zu verinnerlichen und es auch täglich zu leben.«

Neue Motivationsideen

Um die Mitarbeiter zu motivieren, hat man ein innovatives Modell entwickelt. Alle Zusatzgratifikationen wie zum Beispiel Urlaubs- und Weihnachtsgeld wurden abgeschafft, die Bruttobeträge in einen Pool einbezahlt. Jedes Jahr werden anhand eines Bewertungsbogens alle Mitarbeiter von Vereinsmitgliedern, Angehörigen und Bewohnern bewertet. Dabei geht es nicht um die Qualität der eigentlichen Pflegearbeit, sondern vielmehr um soziale und charakterliche Stärken, wie Teamfähigkeit oder die Bereitschaft zur Eigeninitiative.

Der Mitarbeiter mit den meisten Punkten erhält dann als Zusatzleistung einen satten Betrag aus dem Pool. »Das motiviert unser Personal, einmal über seine Arbeit nachzudenken. Seither haben wir ein funktionierendes Team und sehr wenig Krankmeldungen«, so Dr. Feldhaus.

Bisher hat der Trägerverein immerhin annähernd 30 neue Arbeitsplätze geschaffen und die Pläne für die Zukunft sind bereits geschmiedet. In den nächsten Jahren entsteht noch ein zusätzliches Gebäude, in dem nochmals 27 Wohnplätze und ein Ärztezentrum Platz finden. »Wir wollen unseren pflegebedürftigen Menschen die meist langen Transporte zu den Arztpraxen nicht mehr zumuten. Schon heute bieten wir den einzigartigen Vorteil, dass täglich ein Arzt vor Ort ist. Dies ist uns für eine ganzheitliche Versorgung ganz wichtig«, sagt Dr. Reinhardt noch.

Ich verabschiede mich und komme wieder in der Realität deutscher Heimgesetzgebung an. Sie sieht diese Form der Altenbetreuung schlicht nicht vor. Nach gerade einmal acht Wochen siegten damals vorerst Papier und Bürokratie über ein durchdachtes und menschenfreundliches Projekt, das von den Bewohnern vor Ort gewollt war und gut funktionierte.

Doch ich möchte mich nicht entmutigen lassen und diesen Traum am Leben erhalten, in der Hoffnung, dass er schon in naher Zukunft erfüllt wird.

Mein Traum

Während meiner Arbeit in den verschiedenen Altenheimen raubte mir so mancher Albtraum den Schlaf. Die Bilder von unterversorgten, dahinvegetierenden alten Menschen brannten sich nachhaltig ein und hinterließen in mir Ratlosigkeit, Wut und Ohnmacht.

Was soll man tun, wenn die Einhaltung der Menschenrechte vor dem Argument der »leeren Kassen« keine Beachtung mehr findet?

Generationenrat und Gemeindegenossenschaft

Vor vielen Jahren übernahm in meinem Traum ein Bürgermeister Verantwortung für die Menschen seines Stadtviertels. Er erkannte, dass die sich gegenseitig unterstützenden Großfamilien längst zerfallen waren. Meist waren beide Ehepartner berufstätig und es fehlte die Zeit für soziale Betreuung. Leidtragende dieser Entwicklung waren die Kinder und pflegebedürftigen Menschen. Zudem bemerkte er eine schleichende Vergreisung seiner Gemeinde und machte sich Gedanken, was man dieser Entwicklung nachhaltig entgegensetzen kann.

Um die Gemeindemitglieder mit in die Verantwortung zu nehmen, gründete er einen »Generationenrat«, der zunächst gemeinsam eine ansteigende Vereinsamung der Alten, aber auch der jüngeren Menschen feststellte. Fest entschlossen, dieses Problem zu beheben, wurde eine »Gemeindegenossenschaft« gegründet.

Ziel war es, durch gemeinschaftlichen, ehrenamtlichen Einsatz die Familien zu unterstützen. Schnell hatte die Genossenschaft viele Mitglieder. Es meldeten sich Langzeitarbeitslose, die eine Aufgabe suchten und endlich wieder gebraucht werden wollten. Aber auch junge Menschen und Rentner waren bereit, mitzumachen.

Jeder wie er kann ...

Innerhalb weniger Jahre entwickelten sie ein umfangreiches, soziales Hilfsangebot. Orientiert an den Bedürfnissen der alten Menschen lagen die Schwerpunkte in der Unterstützung im hauswirtschaftlichen Bereich. Hausfrauen übernahmen Verantwortung in ihrer Nachbarschaft. Sie unterstützten die alten Menschen bei der Bewältigung ihres Alltags, übernahmen Tätigkeiten wie Einkaufen, Wohnung aufräumen und die Begleitung zu Arzt, Ämtern oder zur Post. Junge Menschen kümmerten sich um die älter werdenden Menschen, die sich zunehmend allein fühlten. Durch Maßnahmen wie das Vorlesen der Tageszeitung, spazieren gehen oder nur mit einem einfachen Gespräch wirkten sie der Einsamkeit entgegen. Arbeitslose Handwerker halfen durch kleine Umbauten wie Beseitigung der Türschwellen für Rollstuhlfahrer oder das Anbringen eines Handlaufs an der Flurwand, den alten Menschen das Leben in der eigenen Wohnung zu erleichtern.

Das Mehrgenerationenhaus

Schnell stellte man fest, dass durch fortschreitende Pflegebedürftigkeit einige alte Menschen nicht mehr in der Lage waren, sich selbst zu versorgen oder gar allein zu leben. Der Generationenrat beschloss daher, das Angebot durch einen ambulanten Pflegedienst zu erweitern. Die Genossenschaft stellte qualifizierte Pflegekräfte ein, um die alten Menschen so lange wie möglich in ihrer Wohnung zu versorgen. Aus den Genossenschaftsbeiträgen, Spenden und auch staatlichen Mitteln baute man ein Haus nach Plänen des Architekten Hundertwasser mit 20 Langzeit- und fünf Kurzzeitpflegeplätzen. Zudem brachte man im Untergeschoss eine Tagespflege und auch eine Kindertagesstätte unter.

Längst hatte sich in der Gemeinde ein »Wir-Gefühl« entwickelt. Viele Menschen waren bereit, Verantwortung für den anderen zu übernehmen. Nicht zuletzt in dem Bewusstsein, im Falle der eigenen Hilfsbedürftigkeit die Solidargemeinschaft der Genossenschaft in Anspruch nehmen zu können …

Dann klingelte mein Wecker. Ich rieb mir den Schlaf aus den Augen und sah zahlreiche Menschen, die im Alltag bereits genau das taten wie die Gemeinschaft in meinem Traum.

Hoffen wir für uns alle und arbeiten täglich daran, dass dies so weiter geht und wir mit den Jahren auch in eine gute und menschenwürdige Zukunft kommen.

Anhang

Adressen, Informationen

Alzheimer Angehörigen-Initiative
Brunnenstraße 5
10119 Berlin
Tel.: 030 44 33 87 41
E-Mail: aai@alzheimer-forum.de

Arbeitsgemeinschaft der Verbraucherverbände e. V.
Heilsbachstraße 20
55123 Bonn
Tel.: 0228 64 89 0
E-Mail: mail@agv.de

Beratungsstelle Hospiz
Domsheide 2
28195 Bremen
Tel.: 0421 32 40 72

Berufsförderungswerk
Informationsstelle Technische Hilfen
Bonhoefferstraße 1
61123 Heidelberg
Tel.: 06221 88 32 56

Bundesarbeitsgemeinschaft für Alten- und Angehörigen-
beratungsstellen
Josefstraße 4
48151 Münster
Tel.: 0251 52 02 71

Deutsche Alzheimer-Gesellschaft
Kantstraße 152
10623 Berlin
Tel.: 030 31 50 57 33

Deutsche Hospitzstiftung
Im Defdahl 5–10
44141 Dortmund
Tel.: 0231 7 38 07 30
www.hospize.de

Deutsche Parkinson Vereinigung
Moselstraße 31
41464 Neuss
Tel.: 02131 74 04 70

Gesellschaft für Inkontinenzhilfe
Friedrich-Ebert-Straße 124
34119 Kassel
Tel.: 0561 78 06 04

Kuratorium Deutsche Altenhilfe
An der Pauluskirche 3
50677 Köln
0221 93 1 84 70
www.kda.de

OMEGA – Mit dem Sterben leben e. V.
Bundesgeschäftsstelle
Postfach 14 07
43334 Hannoversch-Münden
Tel.: 05541 53 56

T. A. B. U. e.V Trauer, Abschied, Begleitung, Unterstützung
Tiegelstraße 23
45141 Essen
Tel.: 0201 32 87 77

Selbsthilfegruppen

Pflege-Selbsthilfeverband
Am Ginsterhahn 16
53 562 St. Katharinen
www.pflege-shv.de

VIF Verein Integrations-Förderung e. V.
Klenzestraße 57c/2.Hof
80469 München
Tel.: 089 201 54 66
www.vif-selbstbestimmt-leben.de

Weitere Adressen von Selbsthilfegruppen finden Sie unter:

www.uni-leipzig.de/-alzheim/groups.htm

Berufsverbände

Deutscher Berufsverband für Altenpflege e. V.
Sonnenwall 15
47051 Duisburg
Tel: 0203 29 94 27
www.dbva.de

Bundesverband unabhängiger Pflegesachverständiger und Pflegeberaterinnen e. V.
Herichhauser Straße 14
42349 Wuppertal
www.bvpp.org

Deutscher Berufsverband für Pflegeberufe
Geisbergstraße 39
10777 Berlin
Tel.: 030 21 91 57 0
www.dbfk.de

Deutscher Pflegeverband (DPV)
Mittelstraße 1
56564 Neuwied
Tel.: 02631 83 88 0
www.dpv-online.de

Institut für Pflegewissenschaft
Private Universität Witten/Herdecke GmbH
Stockumer Straße 12
58453 Witten
Tel.: 02302 669 358
www.uni-wh.de

Verband Bundesarbeitsgemeinschaft
Leitender Pflegepersonen e. V. (BALK)
Ernst-Reuter-Haus
Straße des 17. Juni 114
10623 Berlin
www.balkev.de

Vereinte Dienstleistungsgewerkschaft ver.di
Fachgruppe Einrichtungen und Dienste der ambulanten, teilstationären und stationären Pflege
Paula-Thiede-Ufer 10
10179 Berlin
Tel.: 030 69 56 0
www.verdi.de

Gewalt in der Pflege

Handeln statt Misshandeln (HSM)
Goetheallee 51
53225 Bonn
Tel.: 0228 69 68 68 (Notruf) / 0228 63 63 22 (Info)
www.hsm-bonn.de

Landespräventionsrat NRW – Geschäftsstelle –
Post: Postfach 10 34 52, 40025 Düsseldorf
Büro: Völklinger Str. 24, 40221 Düsseldorf
Fon/Fax: 0211 939 87 01/-87 05
www.lpr.nrw.de/index2.html

Verein zur Unterstützung und Information für die Gründung von Alten-WGs
Zukunftsinstitut Pflege e. V.
Merklinder Straße 12
44577 Castrop-Rauxel
Tel.: 02305 54 88 50
www.zip-ev.org

Kostenlose Informationen über den Pflegebereich

Bundesministerium für Familie, Senioren, Frauen und Jugend
www.bmfsfj.de

Pflegebudget

Kontaktstelle für praxisorientierte Forschung e. V.
Bugginger Straße 38
79114 Freiburg
Tel.: 0761 47 81 26 38
Fax: 0761 47 81 26 99
Email: agp-efh@pflegebudget.de
www.pflegebudget.de

Nachdenkaktion

Georg Bonerz
Tel.: 0201 874 400
E-Mail: info@nachdenkaktion.de
www.nachdenkaktion.de

Literatur

Demenz/Alzheimer

Erwin Böhm
Verwirrt nicht die Verwirrten. Neue Ansätze geriatrischer Krankenpflege
Psychiatrie-Verlag, Bonn 1989

Edda Klessmann/Peter Wollschläger
Wenn Eltern Kinder werden und doch die Eltern bleiben
Huber, Bern 1992

Gedächtnistraining

Elisabeth Tanklage
Gedächtnistraining für Seniorengruppen
Beltz, Weinheim und Basel 2001

Pflege

Suzanne Buis
Keine Zeit für Freundlichkeit. Hinter der Fassade eines Alten-und Pflegeheims
Becker, Kirchhain 2000

Antje Czerwinski
Erfolgreiche Mitarbeitergespräche in Pflegeeinrichtungen
Turnus, Kissing 2003

Gaby Dreischulte/Heidrun Harms
Musik erleben und gestalten mit alten Menschen
Urban & Fischer, München 1998

Ingrid Kollak/Margret Georg: Pflegediagnosen
Mabuse, Frankfurt am Main 1999

Herbert Müller
Arbeitsorganisation in der Altenpflege
Schlütersche Verlagsgesellschaft, Hannover 2004

Gewalt in der Pflege

Rolf D. Hirsch/Erhard U. Kranzhoff (Hrsg.)
Prävention von Gewalt gegen alte Menschen
Bonner Schriftenreihe »Gewalt im Alter«, Band 3
Stiftung Deutsches Forum für Kriminalprävention
zu bestellen unter: www.kriminalpraevention.de

Gewaltfreie Kommunikation

Ingrid Holler
Trainingsbuch Gewaltfreie Kommunikation
Junfermann, Paderborn 2003

Marshall Rosenberg
Gewaltfreie Kommunikation. Eine Sprache des Lebens
Junfermann (6. Auflage), Paderborn 2006

Marshall Rosenberg/Gabriele Seils
Konflikte lösen durch gewaltfreie Kommunikation
Herder Spektrum, Freiburg 2004

Mahatma Gandhi
Mein Leben
(Hrsg. C. F. Andrews)
Suhrkamp, Frankfurt am Main 1983

Mobbing

Helga Kirchner/Jörg-Peter Decker
Pflegethema: Mobbing im Pflegeteam
Thieme, Stuttgart 2000

Erzählendes Sachbuch, Ratgeber

Ilse Biberti
Hilfe, meine Eltern sind alt
Ullstein Verlag, Berlin 2006

Thomas J. Kramer
ZDF WISO Pflegeversicherung
Campus Verlag, 2006
Anne Biegel/Heleen Swildens
Wo ist denn meine Brille?
Briefwechsel zweier Frauen über das Älterwerden
dtv, München 1995

Broschüren

»Psychische Belastungen in der Altenpflege« und
»Aufbruch Pflege«
Berufsgenossenschaft für Gesundheitsdienst
und Wohlfahrtspflege (BGW)
Hauptverwaltung
Pappelallee 35/37
22089 Hamburg
Tel: 040 202 07-7892
Fax: 040 202 07-945
www.bgw-online.de

»Christliche Patientenverfügung«
Hrsg. vom Kirchenamt der
Evangelischen Kirche Deutschland
Herrenhäuser Straße 12, 30419 Hannover
und dem Sekretariat der Deutschen Bischofskonferenz
Bonner Talweg 177, 53129 Bonn

Markus Breitscheidel

Abgezockt und totgepflegt

Alltag in deutschen Pflegeheimen

ISBN 978-3-548-36901-3
www.ullstein-buchverlage.de

Dahinsiechende Bewohner, ausgebeutete Arbeitskräfte, fragwürdig verwendete öffentliche und private Gelder – das, was Markus Breitscheidel während seiner Tätigkeit in verschiedenen Alters- und Pflegeheimen erlebte, sprengte nicht selten die Grenze der Menschenwürde und Rechtschaffenheit. Sein Buch ist ein erschütterndes Protokoll der katastrophalen Zustände in unserem Pflegesystem.

»Über die Reform des Pflegesystems wird seit langem diskutiert. Wie notwendig sie wirklich ist, zeigt dieses Buch.« *Welt am Sonntag*

»Dieses Buch schockiert Deutschland.«
TV Hören und Sehen

US254

ullstein